Pare de reclamar e concentre-se nas coisas boas

WILL BOWEN

Pare de reclamar e concentre-se nas coisas boas

SEXTANTE

Título original: *A Complaint Free World*

Publicado em acordo com Doubleday Broadway Publishing Group,
uma divisão da Random House, Inc.

tradução
Livia Almeida

preparo de originais
Virginie Leite e Luciano Trigo

revisão
Luis Américo Costa, Maria Beatriz Branquinho e Ana Lucia Machado

projeto gráfico e diagramação
DTPhoenix Editorial

capa
Marcelo Pereira / Tecnopop

pré-impressão
ô de casa

impressão e acabamento
Bartira Gráfica e Editora S/A.

CIP-BRASIL. CATALOGAÇÃO-NA-FONTE
SINDICATO NACIONAL DOS EDITORES DE LIVROS, RJ

B782p Bowen, Will
Pare de reclamar e concentre-se nas coisas boas / Will Bowen [tradução de Livia Almeida]. – Rio de Janeiro: Sextante, 2009.

Tradução de: A complaint free world
ISBN 978-85-7542-473-5

1. Crítica pessoal. 2. Técnicas de auto-ajuda. 3. Experiências de vida. 4. Desempenho – Aspectos psicológicos. I. Título.

CDD: 158.1
09-0969 CDU: 159.947

GMT Editores Ltda.
Rua Voluntários da Pátria, 45 – Gr. 1.404 – Botafogo
22270-000 – Rio de Janeiro – RJ
Tel.: (21) 2286-9944 – Fax: (21) 2286-9244
E-mail: atendimento@esextante.com.br
www.sextante.com.br

Para minha filha Lia, para seus filhos que ainda estão por vir e para os filhos deles, que viverão num mundo cada vez mais feliz e com cada vez menos reclamações.

SUMÁRIO

INTRODUÇÃO

"Se você não gosta de alguma coisa, mude-a.
Se você não pode mudá-la, mude sua atitude.
Não reclame."

MAYA ANGELOU

O segredo para transformar sua vida está nas suas mãos. Não acredita? Pois eu já vi isso acontecer com muita gente. Li e-mails e cartas e recebi telefonemas de pessoas que encararam um desafio que mudou sua existência: ficar 21 dias consecutivos sem reclamar, criticar ou falar mal dos outros. No fim desse período, elas desenvolveram um novo hábito. Ao se tornarem conscientes de suas palavras e se esforçarem para mudá-las, modificaram sua forma de pensar e começaram a recriar suas histórias. Diversas pessoas me contaram sobre relacionamentos que melhoraram, carreiras que progrediram e vidas que se tornaram mais felizes.

Conheci um homem que sofria de dor de cabeça crônica. Todas as noites, ao chegar em casa depois de um longo dia de trabalho, ele dizia à mulher quanto sua cabeça tinha doído. Ao perceber que se queixar não resolvia nada, ele decidiu fazer um esforço para deixar de falar das dores de cabeça.

Esse homem se chama Tom Alyea. Ele não sente mais dor de cabeça e se transformou no coordenador sênior do programa Mundo Sem Reclamações, um dos voluntários que ajudaram a fazer com que tudo isso acontecesse.

Menos dor, mais saúde, relacionamentos satisfatórios, um trabalho melhor, mais serenidade e alegria... Que tal? Não é apenas possível. É provável. Lutar conscientemente para reformatar seu disco rígido mental não é uma coisa fácil, mas você pode começar agora e em pouco tempo é provável que tenha uma vida muito melhor.

A idéia é simples. É preciso criar um sistema de monitoramento das reclamações, críticas e fofocas. Você pode usar uma pulseira roxa do movimento Sem Reclamações, utilizar um elástico de cabelo em volta do punho, colocar uma moeda ou pedrinha no bolso, mudar a posição da sua aliança e do seu relógio ou mesmo mover um peso de papel sobre a sua mesa. O importante é que você deve mudar algum objeto de posição sempre que se pegar reclamando, criticando ou falando mal dos outros. Ou seja, ponha a pulseira, o elástico ou o relógio no outro braço, passe a moeda para o outro bolso ou coloque a aliança na outra mão. É o ato de mudar a posição que planta as sementes no fundo da sua mente, tornando-a consciente de seu comportamento. Você precisa fazer isso sempre que necessário.

Para enfrentar o desafio dos 21 dias, você terá que seguir este passo-a-passo:

- Escolha um sistema de monitoramento e coloque o objeto escolhido numa posição. Se for uma pulseira, por exemplo, coloque-a em um dos braços;

- Ao perceber que está reclamando, falando mal dos outros ou criticando, mude o objeto de posição e comece a contagem de novo;
- Se você ouvir uma pessoa que está participando do desafio se queixar, pode avisá-la de que deve trocar sua pulseira, elástico, anel, peso de papel, etc. de lugar. MAS, se fizer isso, terá que mudar o seu objeto de posição primeiro, porque estará reclamando da reclamação dela;
- Comece agora e não desista. Podem se passar meses até você conseguir completar os 21 dias consecutivos. A média é de quatro a oito meses.

E relaxe. Estou me referindo apenas a reclamações, críticas e fofocas que verbalizamos. Se sair da sua boca, conta – e você terá que começar de novo. Se você só pensar, não tem problema. Mas logo descobrirá que mesmo a reclamação em pensamento vai desaparecer à medida que o processo avançar.

A reclamação é uma epidemia no mundo de hoje, por isso não se espante quando descobrir que você também se lamuria bem mais do que imaginava.

Neste livro, você aprenderá o que é uma reclamação, por que nos queixamos, quais são os benefícios que pensamos receber ao nos lamuriarmos, como a queixa é destrutiva e como podemos contribuir para que as pessoas à nossa volta parem de reclamar também.

A história deste projeto nasceu no verão de 2006, quando decidi criar um clube de leitura em nossa igreja. Encorajaríamos todos a lerem o mesmo livro e então teríamos aulas e faríamos discussões sobre essa leitura. Selecionamos *The Four*

Spiritual Laws of Prosperity (As quatro leis espirituais da prosperidade), de Edwene Gaines. O livro sugere medidas claras, concisas e poderosas que podem ser tomadas para se viver uma vida de abundância. Mais de 100 pessoas compraram o livro e planejei um ciclo de estudos de cinco semanas, além das aulas regulares para aqueles que desejassem se aprofundar no tema e compartilhar suas dúvidas, idéias e percepções.

Na segunda semana, eu estava em casa, trabalhando na minha aula, quando tive uma inspiração. Liguei para Marcia Dale, que administra nosso escritório, e disse que gostaria de dar pulseiras aos participantes, porque os brindes servem como um lembrete visual, reforçando o que aprendemos.

Expliquei que Gaines, como muitos outros autores, afirma que é importante se concentrar naquilo que queremos em nossas vidas, em vez de dar atenção ao que não queremos.

– Reclamar é se concentrar no que não queremos, é falar sobre o que está errado. E tudo aquilo em que concentramos nossa atenção se expande. Assim, para ajudar as pessoas a eliminar a reclamação de suas vidas, essas pulseiras serão um ótimo estímulo.

– Explique de novo como é que as pulseiras vão fazer isso – pediu Marcia.

– Vamos dar para todo mundo pulseiras iguais àquelas do Livestrong, distribuídas para levantar fundos para a Fundação Lance Armstrong – expliquei. – Vamos desafiar as pessoas a usar as pulseiras e tentar passar 21 dias sem reclamar, porque acredito que 21 dias é o prazo necessário para transformar um novo comportamento em hábito. Vamos encorajá-las a mudar a pulseira de braço sempre que se queixarem e a começar tudo de novo.

– Puxa... Parece bem difícil – observou Marcia. – E, se a pessoa reclamar, ela pode deixar para recomeçar no dia seguinte, ou seja, tirar uma folga e passar o resto do dia reclamando?

– Não. Ela deverá trocar a pulseira de braço e recomeçar na mesma hora. A idéia é nos conscientizarmos das ocasiões em que a reclamação acontece para, quem sabe, evitá-la da próxima vez que estiver prestes a ocorrer.

Fez-se silêncio do outro lado da linha por alguns segundos.

– Marcia? – chamei, pensando que a ligação tinha caído.

– Estou aqui – respondeu ela, um tanto desanimada. – É que estou pensando se as pessoas... Droga. Estou pensando se sou capaz de fazer isso.

– Eu também. Vamos tentar.

Marcia comprou 500 pulseiras roxas e nosso estoque acabou logo depois do serviço religioso de domingo, porque as pessoas pediam mais para levar para o escritório, a escola, os amigos, os colegas de equipe e os grupos sociais. Naquele dia, além de explicar como funcionava o desafio, convidei todo mundo a imaginar como seria a vida sem toda aquela "poluição" de reclamações. Pude sentir uma mistura de entusiasmo e agitação na sala. Contei para eles que estava assumindo meu próprio desafio e que, não importava o tempo que demorasse, eu completaria 21 dias sem reclamar.

– Juntem-se a mim. Vamos ficar 21 dias consecutivos sem reclamar, criticar ou falar mal da vida alheia. Mesmo que leve três meses ou três anos, nossa vida vai melhorar muito. Não desistam.

Reclamar é falar de coisas que você não quer, em vez de falar daquilo que você quer. Quando nos queixamos, usamos as palavras para nos concentrarmos no que não é como gostaríamos. Nossos pensamentos criam nossa vida, e nossas palavras revelam o que pensamos. Vou repetir essa frase, porque, se você não aprender nada mais com este livro, espero que guarde isto: NOSSOS PENSAMENTOS CRIAM NOSSA VIDA, E NOSSAS PALAVRAS REVELAM O QUE PENSAMOS.

Estamos, cada um de nós, criando nossa própria vida o tempo todo. O truque é pegar as rédeas e levar o cavalo na direção que queremos seguir, em vez de ir para onde não queremos. Sua vida é um filme escrito, dirigido, produzido e estrelado por – adivinhe? – VOCÊ. Todos nós criamos nossa própria vida. Ao ser indagado sobre homens que construíram sua fortuna do nada, Earl Nightingale, filósofo e um dos maiores mestres da motivação no século XX, exclamou: "Cada um de nós cria seu próprio destino, mas apenas os bem-sucedidos admitem isso."

Você está criando sua própria vida a cada momento por meio de seus pensamentos. Hoje, as pessoas estão mais atentas a esse fato, e isso deve promover uma importante mudança na consciência do mundo. Começamos a perceber que a vida, a sociedade, a política, a saúde, enfim, o estado do mundo é a materialização dos nossos pensamentos e das ações que eles produzem.

Essa idéia não é nova – filósofos e professores repetem isso há milênios. Mas ela parece estar finalmente atingindo uma compreensão universal nos dias de hoje.

"Vai! Como creste, assim te seja feito!"

JESUS, MATEUS, 8:13

"O universo é a mudança; a vida é o que o pensamento faz dessa mudança."

MARCO AURÉLIO

"Somos formados por nossos pensamentos. Nós nos tornamos o que pensamos."

BUDA

"Mude seus pensamentos e você mudará seu mundo."

NORMAN VINCENT PEALE

"Você está hoje onde seus pensamentos o trouxeram e estará amanhã onde seus pensamentos o levarem."

JAMES ALLEN

"Nós nos tornamos aquilo em que pensamos."

EARL NIGHTINGALE

"O mais alto estágio da cultura moral é quando reconhecemos que precisamos controlar nossos pensamentos."

CHARLES DARWIN

"Por que somos os mestres de nosso destino, os capitães de nossa alma? Porque podemos controlar nossos pensamentos."

ALFRED A. MONTAPERT

Nossas palavras revelam o que pensamos, e nossos pensamentos criam nossa vida. As pessoas oscilam entre ondas positivas e negativas. Na minha experiência, nunca conheci ninguém que assumisse ser negativo. As pessoas realmente não percebem quando seus pensamentos estão sendo mais destrutivos do que construtivos. As suas palavras podem transmitir isso aos outros, mas elas próprias não conseguem escutar. Essas pessoas podem reclamar sem parar – eu fui uma delas –, mas a maioria, eu inclusive, se considera positiva, animada, otimista e motivada.

É vital controlar nossa mente se quisermos recriar nossa vida. O movimento Sem Reclamações nos ajuda a perceber exatamente em que ponto nos encontramos e se estamos exprimindo nosso lado positivo ou negativo. E então, quando começamos a mudar a pulseira ou qualquer outro objeto de posição, passamos a prestar atenção em nossas palavras – e em nossos pensamentos. Quando prestamos atenção em nossos pensamentos, podemos mudar e remodelar nossa vida da forma que escolhermos. A pulseira, o elástico ou o anel ajudam a criar uma armadilha para a nossa própria negatividade – e a expulsá-la para que nunca mais volte.

Naquele domingo de julho de 2006, depois de entregar as primeiras pulseiras Sem Reclamações para a minha congregação e convidar todos a tentarem passar 21 dias consecutivos sem reclamar, contei uma história.

"Quando eu era menino, costumava ficar na beira do lago e jogar pedras o mais longe que podia, dentro da água. Depois do impacto inicial, eu prestava atenção nas ondulações que se formavam, movendo-se em todas as direções. Juntos, podemos criar uma onda que começa exatamente aqui, nesta pequena comunidade. Podemos criar um movimento que irá repercutir e transformar o mundo."

A energia hesitante da platéia começou a se transformar em entusiasmo.

"Vamos entregar essas pulseiras roxas para qualquer pessoa que pedir", eu disse. "Juntos, vamos fazer Kansas City, Missouri, se transformar na primeira cidade Sem Reclamações dos Estados Unidos."

Pessoas de nossa comunidade ouviram falar do movimento e começaram a pingar pedidos de pulseiras aqui e ali – que, em pouco tempo, se transformaram num dilúvio. Ao perceber que alguma coisa importante estava surgindo, telefonei para o jornal *The Kansas City Star*, perguntando se teriam interesse na história. Sugeriram que eu procurasse Helen Gray, e lhe enviei um e-mail falando sobre o movimento Sem Reclamações.

Assim que lancei o desafio, descobri pessoalmente como essa transformação poderia ser difícil. No primeiro dia, fiquei cansado de tanto trocar a pulseira de um braço para o outro. Percebi que reclamava o tempo todo. Quis desistir, mas todos na igreja estavam me observando. Depois da primeira semana, o melhor que consegui fazer foi mudar a pulseira de posição apenas cinco vezes no mesmo dia. Mas, logo depois, voltei à marca de uma dúzia de trocas por dia. Mesmo assim, segui em frente. Nunca tinha me considerado uma pessoa muito propensa a reclamações, mas estava descobrindo o contrário. Enquanto lutava para não reclamar, nem criticar, nem falar mal dos outros, sentia-me ao mesmo tempo desencorajado e feliz por não ter notícias da repórter do *Star*. Embora achasse a idéia do movimento boa, certamente não considerava meu próprio desempenho brilhante e não queria assumir isso publicamente.

Perseverei. Finalmente, depois de quase um mês, consegui passar três dias seguidos sem reclamar. Enfim, escrevi numa folha de papel o meu objetivo: "Passar 21 dias consecutivos sem reclamar até o dia 31 de setembro." Lia e relia essa meta três vezes a cada manhã e três vezes a cada noite. Devagar, comecei a fazer progressos.

Descobri que tinha mais facilidade quando estava com determinadas pessoas, e menos com outras. Com tristeza, percebi que minhas relações com alguns indivíduos que eu considerava bons amigos eram pautadas pela expressão de nossa insatisfação sobre qualquer assunto do qual falávamos. Comecei a evitá-los. A princípio eu me senti culpado, mas notei que passei a reclamar menos. Mais importante: fui me sentindo mais feliz.

Depois de mais de um mês, a repórter do *Star* entrou em contato comigo. Queria escrever uma matéria sobre o movimento Sem Reclamações. Enquanto ela preparava o artigo, eu finalmente completei os 21 dias. Quando a história foi publicada, eu era o único a ter obtido êxito até então.

Vários jornais repercutiram a matéria do *The Kansas City Star* e, em pouco tempo, recebemos uma encomenda de 9 mil pulseiras roxas. Voluntários se apresentaram para criar um site, de maneira que as encomendas pudessem ser feitas on-line. Começamos a receber pedidos de lugares como Austrália, Bélgica e África do Sul. Aquilo estava se transformando num fenômeno mundial. Ao sentir que a idéia das ondas se espalhando pela água chegaria a todos os cantos do mundo, criamos um novo site chamado AComplaintFreeWorld.org (Um Mundo Sem Reclamações). Em pouco tempo, montamos equipes para coletar dados, cuidar do fornecimento e do envio das pulseiras.

Depois de mais de 100 reportagens nos jornais, de aparecer no programa *The Today Show* e de ser lançado nacionalmente no *The Oprah Winfrey Show*, nosso movimento tem hoje milhões de adeptos e cresce no mundo inteiro.

Enquanto escrevo, já contabilizamos 6 milhões de pedidos de pulseiras, feitos por pessoas de mais de 80 países. Diariamente, chegam mais de mil encomendas. Em média, leva-se de quatro a oito meses para completar os 21 dias consecutivos. Multiplique o número de pulseiras pelo número de vezes que as pessoas reclamam e a conclusão é que o mundo já começou a despertar para um novo nível de consciência.

Há duas coisas sobre as quais a maioria das pessoas concorda:

1. Há reclamação demais neste mundo.
2. O mundo não é do jeito que gostaríamos que fosse.

Na minha opinião, existe uma correlação entre essas duas percepções. Nós nos concentramos no que está errado, em vez de dar atenção à nossa visão sobre o que é um mundo feliz, saudável e harmonioso. Agora você também faz parte disso. Você pode transformar o mundo simplesmente se tornando um exemplo de mudança positiva. Pode ajudar a criar um Mundo Sem Reclamações. Faça isso em nome daqueles que estão à sua volta, mas principalmente faça isso por você mesmo. Enquanto se torna mais feliz, você também estará contribuindo para aumentar o nível de felicidade no planeta. Enviará vibrações de otimismo e esperança que ressoarão junto a outras pessoas com o mesmo intuito.

A antropóloga Margaret Mead escreveu certa vez que "nunca devemos duvidar que um pequeno grupo de cidadãos bem-intencionados e motivados possa mudar o mundo. De fato, essa é a única forma de fazê-lo".

A onda continua a se espalhar.

PARTE 1

Incompetência Inconsciente

CAPÍTULO 1

Reclamo, logo existo

"O homem inventou a linguagem para satisfazer sua necessidade profunda de reclamar."

LILY TOMLIN

*"**Reclamar** (verbo): exprimir pesar, dor ou descontentamento ou fazer uma acusação formal ou denúncia."*

DICIONÁRIO MERRIAM-WEBSTER

É preciso cumprir quatro etapas para se tornar competente em alguma coisa. Para se transformar numa pessoa Sem Reclamações, você vai passar por cada uma delas e – sinto muito – não poderá pular nenhuma. Não é possível efetuar uma mudança duradoura sem atravessar todo o processo. Algumas dessas etapas duram mais que outras. Cada um de nós tem experiências diferentes. Você pode se desembaraçar de uma delas com facilidade e empacar em outra por muito tempo, mas se perseverar vai adquirir essa habilidade.

As quatro etapas para se chegar à competência são:

1. Incompetência Inconsciente
2. Incompetência Consciente
3. Competência Consciente
4. Competência Inconsciente

No poema "On a Distant Prospect of Eton College", Thomas Gray criou a expressão "a ignorância é uma bênção". Para se tornar uma pessoa Sem Reclamações, você começa sob a bênção da ignorância, atravessa a turbulência da transformação e chega a uma bênção verdadeira. Neste exato momento, você se encontra no estágio de Incompetência Inconsciente. Não tem consciência de ser incompetente. Não percebe quanto reclama.

Incompetência Inconsciente é tanto um modo de vida quanto um primeiro passo para a aquisição de uma nova competência. É onde todos nós começamos. Nessa fase, você é puro potencial, está pronto para criar grandes coisas para si mesmo. Há novos e animadores pontos de vista a explorar. Tudo o que precisa é ter vontade de dar os próximos passos.

Muita gente parece viver à procura de motivos para se queixar. Se você reclamar, vai ter sempre mais do que reclamar. É a Lei da Atração em funcionamento. Quando você completar todas essas etapas, sua vida vai mudar para melhor.

Uma pergunta que sempre costumam me fazer: "Mas eu nunca mais poderei reclamar? Nunca?" E a minha resposta é: "Claro que poderá." Digo isso por duas razões:

1. Não tenho o direito de sair por aí dizendo o que você ou qualquer outra pessoa devem fazer. Se eu agisse assim, estaria tentando mudar você, ou seja, estaria me

concentrando em alguma coisa de que não gosto em você. Estaria exprimindo descontentamento e, por tabela, fazendo uma reclamação. Portanto, você pode fazer o que quiser. É uma escolha sua.

2. Algumas vezes faz sentido reclamar.

Antes que você ache que o argumento número 2 é uma ótima saída, preste atenção nas palavras "algumas vezes" e lembre-se de que eu e muitas outras pessoas passamos três semanas seguidas – ou seja, 21 dias consecutivos, totalizando 504 horas – sem reclamar de nada. Necas, nada, *niente*. Quando se trata de reclamação, "algumas vezes" significa "quase nunca". A queixa deve acontecer raramente; críticas e fofocas, nunca. Se formos honestos com nós mesmos, os acontecimentos da vida que provocam reclamação legítima (a expressão do pesar, da dor ou do descontentamento) serão extremamente raros. A maior parte das reclamações que fazemos é apenas "poluição sonora", prejudicial à nossa felicidade e bem-estar.

Preste atenção no que você faz. Você se queixa com freqüência? Quanto tempo já se passou desde sua última reclamação? Um mês ou mais? Se você reclama mais do que uma vez por mês, pode estar fazendo da lamúria um modo de vida.

Para ser uma pessoa feliz que dominou seus pensamentos e começou a criar sua vida de acordo com os próprios projetos, você precisa estabelecer um patamar bem alto do que o faz sentir necessidade de exprimir pesar, dor ou descontentamento. Na próxima vez que estiver a ponto de reclamar de alguma coisa, pergunte-se como a situação se compara com algo que aconteceu comigo alguns anos atrás.

Eu estava no meu escritório preparando uma aula. Nossa casa ficava em frente a uma curva fechada, na beira da estrada. Os motoristas precisavam diminuir a velocidade para contorná-la, e apenas algumas centenas de metros depois a rodovia municipal se transformava em estadual. O limite de velocidade subia de 45 para 80km/h. A conseqüência disso é que morávamos numa pista de aceleração e desaceleração. Se não fosse por aquela curva na estrada, nossa casa estaria localizada num lugar muito perigoso.

Era uma tarde quente de primavera, e as cortinas de renda esvoaçavam suavemente com a brisa que entrava pela janela aberta. De repente, ouvi um barulho estranho. Houve uma pancada alta, seguida por um urro de dor. Era nossa cadela Ginger. Ela tinha sido atropelada e jazia na estrada, berrando, não muito longe da minha janela. Gritei, atravessei a sala e saí pela porta da frente, seguido por minha mulher e nossa filha Lia, na época com 6 anos.

Enquanto nos aproximávamos de Ginger, podíamos perceber que ela estava seriamente ferida. Usava as patas dianteiras para tentar se erguer, mas as patas traseiras não ajudavam. E continuava a urrar de dor. Os vizinhos deixaram suas casas para ver o que estava provocando tamanha comoção. Lia só dizia: "Ginger... Ginger...", enquanto lágrimas rolavam por seu rosto, molhando sua blusa.

Procurei o motorista que tinha atingido Ginger, mas não o encontrei. Então, olhando para o alto da colina que marca a divisa entre a rodovia estadual e a estrada municipal, vi um caminhão que puxava um trailer chegando ao topo e aumentando a velocidade para 80km/h. Apesar de a nossa cadela continuar ali em agonia, de minha mulher estar em choque e de nossa filha chorar copiosamente, fui consumido pela vontade de confrontar aquela pessoa que tinha atropelado Ginger. "Como pôde fazer uma coisa dessas e simplesmente seguir em frente?", pensei.

Abandonei minha família, que estava mergulhada em dor e confusão, e pulei no carro. Dei uma ré furiosa, levantando uma nuvem de pó e cascalho. Noventa, 100, 120km/h numa estrada de terra, com o objetivo de perseguir a pessoa que tinha atropelado a cadela de Lia e fugido sem sequer ter a coragem de nos enfrentar. Ia tão rápido naquela superfície irregular que o meu carro parecia pairar precariamente sobre o chão. Nessa hora, me acalmei o suficiente para perceber que a situação se agravaria se eu sofresse um acidente. Diminuí a velocidade para garantir o controle do carro enquanto a distância entre mim e o outro motorista diminuía.

Chegando em casa, ainda sem perceber que eu me encontrava logo atrás, o homem parou o veículo e saltou. Usava uma camisa rasgada e jeans manchados de graxa. Dei uma freada brusca e saltei do carro, aos berros.

–Você atropelou meu cachorro!

O homem se virou e olhou para mim como se eu estivesse falando uma língua desconhecida. Com o sangue pulsando nas têmporas, não tive certeza de que estava ouvindo corretamente quando ele disse:

– Eu sei que atropelei seu cachorro... O que você vai fazer?

Depois de recuperar meu vínculo com a realidade, eu disparei:

– O quê? O que você disse?

Ele sorriu como se estivesse corrigindo uma criança travessa e repetiu lenta e deliberadamente:

– Eu sei que atropelei seu cachorro. O que você acha que vai fazer?

Fiquei cego de fúria. Na minha mente, via Lia no meu espelho retrovisor, em prantos, junto a Ginger.

–Venha lutar! – berrei.

– O quê?

– Lute! – repeti. – Defenda-se...Vou matá-lo!

Momentos antes a razão impedira que eu arriscasse minha vida dirigindo feito um louco para alcançar esse homem. Agora, seus comentários impassíveis, sem dar importância ao fato de ter ferido gravemente um animal de estimação que eu amava, tinham conseguido eliminar qualquer sombra de razão. Eu nunca tinha lutado em toda a minha vida adulta. Não acreditava em brigas. Nem tinha certeza se sabia brigar. Mas queria surrar aquele homem até à morte. Naquela hora, não me importava em acabar na cadeia.

– Não vou brigar com você – disse ele. – E, se você me bater, é uma agressão, cavalheiro.

Meus braços estavam erguidos, meus punhos bem fechados e rígidos. Fiquei ali completamente atordoado.

– Venha lutar!

– Não, senhor – respondeu o homem com um sorriso banguela. – Não vou fazer nada disso.

Virou-se e se afastou lentamente. Fiquei ali trêmulo, com a raiva envenenando meu sangue.

Não me lembro do percurso de volta para casa, até à minha família. Não me lembro de ter erguido Ginger e de tê-la levado ao consultório do veterinário. Mas lembro-me perfeitamente de seu cheiro na última vez que a abracei e de seu gemido suave quando a agulha do médico acabou com seu sofrimento.

"Como alguém poderia fazer tal coisa?", era a pergunta que eu me fazia repetidamente.

Dias mais tarde, o sorriso desdentado daquele homem ainda me assombrava quando eu tentava dormir. "O que você vai fazer?" era a frase que ecoava nos meus ouvidos. Visualizei exatamente o que gostaria de ter feito, caso tivéssemos brigado. Na minha imaginação, eu era o super-herói que destruía o vilão perverso. Às vezes, imaginava que tinha um bastão de beisebol ou qualquer outra arma e que o machucava. Eu o feria tanto quanto ele tinha ferido a mim, minha mulher, minha filha e Ginger.

Na terceira noite de infrutíferas tentativas de dormir, levantei e comecei a escrever em meu diário. Depois de derramar todo o meu pesar, a minha dor e o meu descontentamento por quase uma hora, escrevi algo surpreendente: "Aqueles que ferem estão feridos." Meditando sobre aquelas palavras como se tivessem sido proferidas por outra pessoa, cheguei a exclamar em voz alta: "Como?" Escrevi de novo: "Aqueles que ferem estão feridos." Recostei em minha cadeira, pensativo, e ouvi os grilos e as cigarras celebrarem a noite. "Aqueles que ferem estão feridos? Como isso poderia se aplicar àquele cara?"

Ao pensar mais sobre o assunto, comecei a entender. Alguém que consegue ferir com tanta facilidade um animal de estimação tão querido não pode ter conhecido o amor pelos animais como nós conhecemos. Uma pessoa que pode partir com o carro enquanto uma criança cai em prantos não pode ter conhecido o amor de uma criança. Um homem que não consegue pedir desculpas por ter partido o coração de uma família só pode ter tido seu coração partido muitas e muitas vezes. Esse homem era a verdadeira vítima da situação. É verdade que ele agiu como um vilão, mas isso foi conseqüência da profundidade da dor que ele devia carregar dentro de si.

Fiquei ali sentado por muito tempo, deixando que todas as implicações dessas idéias fossem apreendidas pela minha mente. Cada vez que eu começava a sentir raiva daquele homem e do sofrimento que ele tinha causado, pensava na dor que ele devia carregar consigo diariamente. Logo desliguei a luz, fui para a cama e dormi profundamente.

Reclamar: exprimir pesar, dor ou descontentamento.

Durante essa experiência, eu senti *pesar*. Ginger tinha aparecido cinco anos antes em nossa casa, na zona rural da Carolina do Sul. Vários cães passavam por lá querendo ficar, mas Gibson, nosso outro cachorro, tinha posto todos para correr. Por alguma razão, ele deixara Ginger ficar. Havia algo especial nela. Presumimos, pelas suas maneiras, que Ginger devia ter sofrido abusos antes de chegar à nossa casa e, como ela se esquivava principalmente de mim, era provável que um homem a tivesse machucado. Depois de pouco mais de um ano, ela começou a demonstrar alguma confiança. Nos anos que lhe restaram, tornou-se uma verdadeira amiga. Senti profundamente sua morte.

Certamente senti *dor*, uma autêntica dor emocional que devastou minha alma. Aqueles que têm filhos sabem muito bem que é preferível suportar qualquer dor a ver nossos filhos sofrerem. E a dor de Lia duplicava a minha.

E senti *descontentamento*. Fiquei dividido tanto por não ter quebrado a cara daquele homem quanto por ter considerado uma ação tão violenta. Fiquei envergonhado por ter me afastado dele e também por tê-lo perseguido.

Pesar. Dor. Descontentamento.

Quando o sujeito atropelou Ginger, era apropriado que eu sentisse e exprimisse cada uma dessas emoções. Você pode ter passado por uma situação igualmente difícil, em algum ponto da vida. Nossa sorte é que acontecimentos como esse são raros. Da mesma maneira, reclamar (expressar pesar, dor ou descontentamento) também deveria ser raro.

Mas o fato é que, para a maioria das pessoas, as reclamações não provêm de experiências tão profundamente dolorosas. Agimos como o personagem na canção "Life's Been Good" (A vida tem sido boa), de Joe Walsh: não devíamos reclamar, mas ainda assim o fazemos. As coisas não são tão terríveis a ponto de justificar pesar, dor ou descontentamento. Mesmo assim, a reclamação virou rotina.

Ignorância é uma bênção. Antes de começar a caminhada para se tornar uma pessoa Sem Reclamações, você era abençoado por não saber quanto se queixava e que conseqüências danosas isso trazia para a sua vida. Para muitos de nós, reclamar do tempo, do cônjuge, do trabalho, da forma física, dos amigos, da economia, dos outros motoristas, do país ou seja lá do que for é algo que fazemos dúzias de vezes a cada dia. Entretanto, poucos percebem a freqüência dessas reclamações.

As palavras saem de nossa boca para que nossos ouvidos as escutem. Mas, por alguma razão, elas não são registradas como queixas. Percebemos quando os outros reclamam, mas não notamos quando nós nos queixamos.

É muito provável que você reclame bem mais do que imagina. E, agora que aceitou o desafio de ficar 21 dias sem se queixar, começou a notar isso. Ao trocar de posição a pulseira ou o objeto que você escolheu para se monitorar, percebe quanto pratica o *kvetch* (palavra em iídiche que quer dizer "reclamar" – não sou judeu, mas adoro essa palavra).

Até hoje, você acreditava que não reclamava tanto assim. Achava que só se queixava quando alguma coisa realmente o incomodava. A partir de agora, sempre que estiver tentado a reclamar, pergunte a si mesmo se o que está acontecendo é mesmo tão ruim. Então, procure manter sua promessa de não reclamar.

Todos aqueles que concluíram o período de 21 dias sem reclamações me disseram que não foi fácil, mas que o esforço compensou. Nada que realmente vale a pena é fácil. Simples? Sim. Mas fácil não faz parte do jogo quando se trata de se tornar bem-sucedido. Não digo isso para assustar você, e sim para inspirá-lo. Se você acha difícil parar de reclamar (monitorando e transformando suas palavras), isso não significa que não possa fazê-lo ou que haja algo errado com você. M. H. Alderson diz: "Se a princípio você não for bem-sucedido, estará dentro da média." Se você reclama, está fazendo exatamente o que todo mundo faz. Agora que tem consciência disso, pode começar a mudar.

Você consegue. Eu reclamava dezenas de vezes por dia e consegui. A chave é não desistir. Há uma mulher maravilhosa na minha igreja que ainda usa uma de nossas pulseiras originais, destroçada e sem cor. Ela me garantiu: "Pode ser que tenham que me enterrar com essa coisa. Mas não vou desistir."

Esse é o nível de comprometimento que a tarefa exige. A boa notícia é que, mesmo antes de completar os 21 dias consecutivos sem reclamar, você perceberá que seu foco interior está mudando e que você tem se sentido mais feliz. Aqui está um e-mail que recebi hoje:

> Olá,
>
> Como milhares de pessoas, comecei a mudar o foco da minha vida. Enquanto esperava por minha pulseira, passei a usar um elástico no pulso, o que me ajudou a prestar atenção no que estava fazendo. Abracei essa causa há uma semana e agora raramente reclamo. *O mais incrível é que me sinto muito mais feliz!* Sem falar de como as pessoas que me cercam (como meu marido) devem estar mais felizes também.
>
> JEANNE REILLY
> Rockville, Maryland

O popular locutor de rádio Paul Harvey disse certa vez: "Espero um dia conseguir o suficiente daquilo que o mundo chama de sucesso para que eu possa dizer, se indagado sobre o meu segredo para chegar lá: 'Me ergui mais vezes do que caí.'" Como acontece com tudo que merece ser conquistado, haverá fracassos no caminho do sucesso. Se você for como a maioria dos que começam o processo, vai mudar a pulseira, o elástico, a aliança ou a moeda de posição até ficar cansado. De tanto troca-troca, rasguei três pulseiras antes de completar os 21 dias consecutivos.

Mas, se você perseverar, um dia estará deitado na cama, a ponto de cochilar, e olhará seu pulso. Então verá que, pela primeira vez em dias, meses ou mesmo anos, a pulseira continua na mesma posição que estava quando você levantou da cama de manhã. Pensará: "Devo ter reclamado em algum momento do dia e não reparei." Mas, enquanto fizer seu exame mental, vai perceber que conseguiu. Você passou um dia inteiro sem reclamar! Um dia de cada vez. Você pode fazer isso.

Ao começar essa transformação, considere-se afortunado porque, apesar dos meus avisos sobre a dificuldade à sua frente, você conta com uma vantagem psicológica. É o chamado efeito Dunning-Kruger. Quando alguém resolve praticar uma nova atividade, seja esquiar, fazer malabarismo, tocar flauta, andar a cavalo, meditar, escrever um livro, pintar um quadro ou qualquer outra coisa, é parte da natureza humana achar que será simples aprender. O efeito Dunning-Kruger recebeu os nomes de David Dunning e Justin Kruger, da Universidade Cornell, que estudavam o comportamento de pessoas que aprendiam novas habilidades. Os resultados, publicados no *Journal of Personality and Psychology* em dezembro de 1999, afirmavam que "a ignorância, mais do que o conhecimento, gera confiança". Em outras palavras, como você não tem noção de que vai experimentar algo difícil, decide tentar. Você pensa: "Vai ser fácil", e encara o desafio. E começar é a parte mais difícil.

Se tivéssemos idéia do tamanho do esforço necessário para adquirir uma nova habilidade, o mais provável é que desistíssemos antes de começar. Mas não há nada como a prática. Usar a pulseira roxa (ou qualquer outra ferramenta que o ajude a se monitorar) e mudá-la de posição. Mudá-la de posição a cada reclamação. Ainda que pareça difícil, constrangedor ou frustrante. Mudá-la de posição depois de completar 10 dias. Começar de novo. Perseverar mesmo se todos à sua volta desistirem. Perseverar mesmo se todos já tiverem obtido sucesso enquanto o máximo que você consegue é passar dois dias sem reclamar. Perseverar.

Existe uma velha anedota sobre dois operários de uma construção que sempre almoçam juntos. Um deles abre a marmita e reclama: "Droga! Sanduíche de carne... Detesto sanduíche de carne." O amigo não diz nada. No dia seguinte, os dois voltam a se encontrar na hora do almoço. Mais uma vez, o primeiro operário abre a marmita e se queixa: "Outro sanduíche de carne? Estou cansado de sanduíche de carne. Detesto sanduíche de carne." Como na primeira vez, o segundo operário permanece em silêncio. No terceiro dia, os dois estão se preparando mais uma vez para almoçar quando o primeiro exclama: "Chega! Todo dia é a mesma coisa! Quero alguma coisa diferente!" Tentando ajudar, o amigo pergunta: "Por que você não pede à sua mulher que prepare alguma coisa diferente?" Com ar de confusão no rosto, o primeiro pergunta: "Do que você está falando? Sou eu mesmo que preparo o meu almoço."

Cansado de sanduíche de carne? É você quem prepara o almoço todo santo dia. Mude o que anda dizendo. Pare de reclamar. Mude as palavras, mude os pensamentos e estará mudando sua vida. Ao dizer "Procura e encontrarás", Jesus estava formulando um princípio universal. O que você procurar, vai encontrar. Quando reclama, você emprega o incrível poder da sua mente para procurar coisas que não quer e acaba as atraindo. Então passa a se queixar desses novos problemas e atrai mais do que não quer, ficando preso num círculo vicioso – uma profecia auto-realizável de reclamação: manifestação, reclamação, manifestação, reclamação, num ciclo que nunca tem fim.

Em *O estrangeiro*, Albert Camus escreveu: "Ao erguer o olhar para a escuridão do céu salpicada de signos e estrelas, pela primeira vez abri meu coração para a benévola indiferença do universo." O universo não liga se você usar o poder dos pensamentos que impregnam suas palavras para atrair amor, saúde, felicidade, abundância e paz – ou para atrair dor, sofrimento, miséria, solidão e pobreza. Nossos pensamentos criam nosso mundo, e nossas palavras revelam o que pensamos. Ao controlar as palavras, eliminando a reclamação, damos um objetivo à nossa vida e atraímos o que desejamos.

CAPÍTULO 2

As reclamações e a saúde

"De todas as profecias auto-realizáveis de nossa cultura, presumir que a velhice significa declínio e saúde precária é talvez a mais mortal."

MARILYN FERGUSON, *A conspiração aquariana*

Reclamamos pelo mesmo motivo por que fazemos qualquer coisa – por considerar vantajoso. Lembro-me claramente da noite em que descobri os benefícios da reclamação. Eu tinha 13 anos e estava numa festa para adolescentes patrocinada pela igreja que eu freqüentava. O ano era 1973.

Bom, ser um garoto de 13 anos é, no mínimo, interessante. Pela primeira vez, as meninas deixam de ser "chatas". Meninos de 13 anos sentem, ao mesmo tempo, uma atração magnética pelas garotas e um completo terror quando estão diante delas. Por mais aterrorizado que eu me sentisse, não conseguia pensar em outra coisa o dia inteiro – e elas ainda me assombravam em sonhos, durante a noite. Skates, miniaturas de navios, cinema e histórias em quadrinhos desapareceram dos meus pensamentos, substituídos por garotas. Eu tinha sido enfeitiçado, desejava ardentemente estabelecer uma ligação com elas, mas não tinha a mínima idéia do que deveria fazer. Queria me aproximar das meninas, mas tinha medo.

A noite da festa foi quente e úmida. As meninas estavam todas vestidas com saias rodadas, penteados altos, sapatos bicolores e batom vermelho vivo. O figurino dos rapazes consistia basicamente de calças jeans justas dobradas na bainha, mocassins e o cabelo penteado para trás com brilhantina. A trilha sonora de *Loucuras de verão*, de George Lucas, tocava sem parar, enquanto as meninas davam risadinhas num canto e eu e os meninos nos mantínhamos na outra ponta do salão, sentados em cadeiras metálicas de armar, tentando desesperadamente adotar um ar blasé. Estávamos em pânico diante da idéia de puxar assunto com as garotas, embora todas as moléculas de nosso DNA implorassem por isso. Imaginávamos que, se mantivéssemos a pose, talvez elas atravessassem o salão e viessem conversar conosco. E, se isso não acontecesse, pelo menos elas pensariam que a gente não se importava.

Meu melhor amigo na época era Chip, um rapaz alto, estudioso e excelente atleta. Dessas três qualidades, a única que eu possuía era a altura. Ao contrário do esbelto Chip, eu era bastante rechonchudo. Quando saía para fazer compras com a minha mãe, sempre ia parar no subsolo da loja de departamentos Belk, onde ficava a seção dos "robustos". Aquele era o único lugar onde eu encontrava roupas que cabiam em mim.

As meninas sempre ficavam de olho no Chip, e doía saber que ele era mais atraente para elas do que eu. Porém, o mais irritante era o fato de Chip ficar ali com a gente, em vez de ir falar com elas.

– Sou tímido demais – justificou-se Chip. – Não sei o que dizer.

– Você só precisa ir até lá e deixar que elas falem – retruquei. – Você não pode passar a noite inteira sentado aqui.

– Mas *você* está sentado aqui – observou Chip. – E você é o Senhor Tagarela. Vá lá e diga alguma coisa.

Os dependentes químicos costumam lembrar a primeira vez que experimentaram sua "droga favorita", aquela que provavelmente acabará com suas vidas se não conseguirem se livrar do vício antes. Com a frase que falei em seguida, me preparei para embarcar no vício de reclamar, que perduraria por mais de 30 anos. Olhei para Chip e disse:

– Mesmo que eu fosse ali e conversasse com as meninas, nenhuma delas dançaria comigo. Sou gordo demais. Olhe para mim. Tenho 13 anos e já passei dos 100kg há muito tempo. Resfolego quando falo, suo quando caminho e provavelmente cairia no chão se tentasse dançar. Você está em grande forma. As garotas estão olhando para você. – Os outros meninos balançaram a cabeça, concordando. – Sou apenas o cara engraçado com quem elas gostam de falar sobre os meninos por quem estão interessadas. Sou gordo demais. Elas não querem saber de mim. Nunca vão querer.

Justamente nessa hora, outro bom amigo passou e me deu um tapinha nas costas.

– Olá, gordinho! – exclamou.

Normalmente, seu cumprimento não teria qualquer significado. Quase todo mundo me chamava de "gordinho". Era um apelido. Estava acostumado com ele. Nunca o considerei um insulto. Aqueles eram meus amigos, e não importava se eu era gordo. Mas, depois daquele elaborado discurso sobre as dificuldades de ser obeso que servira de pretexto para eu não ter que encarar o desafio de ir falar com as meninas, o efeito em nosso pequeno círculo foi palpável. Um dos meus amigos saiu em minha defesa: "Ei, cale a boca!" Outro disse: "Deixe ele em paz." Um terceiro emendou: "Ele não tem culpa de ser gordo." Todos me olharam com grande preocupação.

"Tire partido!", falou uma vozinha dentro da minha cabeça. Suspirei e olhei para o outro lado de forma dramática. Quando reclamei do meu corpo e do possível impacto sobre minhas chances com as meninas, conquistei a atenção e a simpatia dos garotos, e ainda escapei da pressão de ter que ir falar com as garotas. Minha droga surtira efeito. Eu tinha encontrado o meu vício. Reclamar me "dava onda".

Anos mais tarde, quando não conseguia um emprego, dizia a mim mesmo e aos outros que era por ser gordo. Se recebia uma multa de trânsito, era por ser gordo. Tudo girava em torno disso. Só consegui me livrar dessa desculpa e do peso que prejudicava minha saúde cinco anos e meio depois.

O psicólogo Robin Kowalski escreveu que muitas reclamações "envolvem uma tentativa de se despertar determinadas reações dos outros, como simpatia e aprovação. Por exemplo, as pessoas podem estar reclamando da saúde não por se sentirem doentes, mas porque o *papel de doente* lhes permitirá obter ganhos secundários, como a simpatia dos outros, ou evitar assuntos desagradáveis".*

Ao reclamar e jogar com a "carta do gordo", recebi simpatia e aprovação e tive uma justificativa para não ir conversar com as meninas. A reclamação me beneficiou. Você pode ter

* Kowalski, R. M. "Complaints and Complaining: Functions, Antecedents, and Consequences." *Psychological Bulletin* 119, p. 180, 1996.

feito alguma coisa parecida em algum momento de sua vida. Reclamamos para conseguir atenção e evitar o que nos dá medo. Quando eu era criança e tinha sintomas de gripe, fazia um certo drama para não ir à escola e ficar em casa vendo televisão. O estranho era que, freqüentemente, eu acabava me sentindo mais doente depois de reclamar do meu estado.

Você já bancou o doente? Será que está fazendo isso agora? Problemas de saúde estão entre as reclamações mais comuns. As pessoas se queixam da saúde para conseguir atenção e evitar "situações desagradáveis", como adotar um estilo de vida mais saudável. Mas qual é o preço?

Você provavelmente já ouviu falar em doença psicossomática, causada por processos mentais do paciente, e não por causas fisiológicas. Há uma tendência em nossa sociedade a acreditar que essas doenças são "inventadas" por um pequeno número de pessoas perturbadas e que, por terem sido criadas pelos pacientes, não devem ser levadas a sério. Entretanto, os médicos estimam que quase dois terços de seu tempo é gasto com o tratamento de pacientes cujas doenças têm origem psicológica.

Pense nisso. Dois terços das doenças se originam na mente. De fato, a palavra psicossomático deriva de *psique* e *soma*, que significam mente e corpo. Há uma ligação entre corpo e mente. O que a mente acreditar, o corpo vai manifestar. Dúzias de pesquisas demonstram que nossos pensamentos sobre nossa saúde podem se transformar em realidade. Outro dia ouvi uma reportagem interessante na National Public Radio, em que médicos comentavam que, quando diziam a seus pacientes que um determinado remédio tinha grandes chances de curá-los, o efeito era mais potente do que quando simplesmente prescreviam o medicamento, sem fazer qualquer comentário encorajador. Uma pesquisa realizada com pacientes com Alzheimer indicava que eles não obtinham o benefício pleno dos medicamentos que tomavam para outras doenças, como pressão alta, porque, em função dos problemas de memória decorrentes do Alzheimer, não conseguiam se lembrar de ter ingerido a medicação diária. A mente exerce um efeito poderoso sobre o corpo.

Meses atrás, fui ao hospital visitar uma senhora da nossa igreja. Antes de entrar no quarto dela, conversei com os médicos e as enfermeiras sobre o prognóstico da paciente.

– Ela está ótima – disse uma enfermeira. – Teve um derrame, mas vai se recuperar completamente.

Quando entrei no quarto, Jane parecia tudo menos "ótima".

– Jane – chamei. – Olá, sou eu, o reverendo Will.

– Reverendo Will – disse fracamente. – Estou tão feliz com sua visita. Tenho poucos dias de vida... Estou morrendo.

– Você o quê? – perguntei.

– Estou morrendo – repetiu ela.

Na mesma hora, uma enfermeira entrou para checar seus sinais vitais. Puxei-a para um canto e perguntei:

– Jane está realmente bem?

– Está – garantiu a enfermeira.

– Mas ela acabou de me dizer que está à beira da morte.

A enfermeira revirou os olhos demonstrando exasperação e se dirigiu até à cama.

– Jane? Jane? – Jane abriu os olhos. – Querida, você teve um derrame. Não está morrendo. Vai ficar boa. Mais uns dias e poderá começar a fisioterapia. Logo, logo estará em casa com seu gato Marty. Está bem?

– Tudo bem – disse Jane, sorridente.

Jane esperou que a enfermeira deixasse o quarto para começar a me dar os detalhes do funeral que aconteceria dentro em pouco.

– Mas você não está morrendo! – protestei. – Quando isso acontecer, daqui a muito tempo, pode deixar que tomarei as devidas providências.

Jane balançou a cabeça.

– Estou morrendo agora – insistiu, continuando a explicar em detalhes como queria que fosse o culto em sua memória.

Na saída, fui conversar com a médica.

– Ela está convencida de que vai morrer – comentei.

– Olhe só, todos morreremos um dia, até a Jane. Mas o derrame que ela teve não irá matá-la. Ela vai ficar boa – garantiu a médica, com um sorriso.

Duas semanas mais tarde, eu presidi o funeral de Jane. Nem os médicos nem as enfermeiras conseguiram convencê-la de que não tinha uma doença fatal. Ela se convenceu de que estava morrendo, e seu corpo acreditou nisso.

Ao reclamar de sua saúde, você está fazendo declarações negativas, que seu corpo escuta e registra. Sua mente (psique) direciona a energia em seu corpo (soma), atraindo mais problemas de saúde. Já reparou como as pessoas que não param de falar de doença invariavelmente encontram mais e mais razões para fazê-lo?

"Mas estou mesmo doente", você diz. Por favor, não estou duvidando que você acredite nisso. Apenas lembre que os médicos calculam que 67% das doenças resultam de "pensar estar doente". Nossos pensamentos criam nosso mundo, e nossas palavras revelam nossos pensamentos. Reclamar de uma doença não vai reduzir sua duração, muito menos amenizar sua gravidade.

Convido você a analisar se a ladainha sobre suas doenças pode ser uma tentativa de obter simpatia e atenção. Talvez você não queira responder a essa pergunta, mas é importante pelo menos examiná-la. Ao reclamar da saúde, lembre-se de que pode estar tentando extinguir um incêndio com gasolina. Pode querer se sentir mais saudável, mas suas queixas vão enviar ondas de energia negativa para o seu corpo inteiro, dificultando sua cura.

Em 1999, aos 39 anos, um bom amigo chamado Hal recebeu o diagnóstico de câncer de pulmão em estágio avançado, e os médicos estimaram que ele morreria em menos de seis meses. Além desse terrível diagnóstico, Hal enfrentava outros desafios. Apesar de ter ganhado a vida vendendo seguros de saúde, ele mesmo não dispunha de um. As contas se acumulavam e ele travava uma luta constante para manter as luzes de casa acesas e a família alimentada. Quando descobri que Hal estava morrendo, fui visitá-lo e fiquei estarrecido com sua atitude positiva. Não reclamava; pelo contrário, dizia que tinha tido uma boa vida e considerava-se um afortunado.

Apesar de todas as dificuldades, Hal manteve o senso de humor. Um dia convidei-o para dar uma volta, mas, como ele estava muito enfraquecido, nem chegamos a passar do portão. Ficamos na frente de sua casa aproveitando o ar fresco e conversando. Hal observou vários urubus voando bem sobre as nossas cabeças e disse:

– Xi! Deve ser um mau sinal!

Quando percebi o brilho travesso em seus olhos, nós dois caímos na gargalhada. Depois que paramos de rir, perguntei:

– Como é que você consegue não reclamar, diante de tudo o que está passando?

Hal se apoiou na bengala e disse:

– Muito fácil. Não é o dia 15.

Depois de dizer isso, Hal começou a caminhar lentamente de volta para casa.

– O que o dia 15 tem a ver com isso? – perguntei.

– Quando recebi o diagnóstico, sabia que seria difícil e que eu poderia passar o resto do tempo que me restava amaldiçoando Deus, a ciência e tudo o mais. Ou poderia me concentrar nas boas coisas da minha vida. Decidi escolher um dia no mês para reclamar. Por acaso, escolhi o dia 15.

– E funciona? – Eu quis saber.

– Direitinho – respondeu Hal.

– Mas quando chega o dia 15 você não fica arrasado?

– Não – disse ele. – Porque até lá já esqueci minhas reclamações.

Apesar de morarmos a duas horas de distância, visitei Hal duas vezes por semana até ele morrer. As pessoas me diziam que fui um grande amigo e que mostrei muita consideração ao lhe devotar tanto tempo. A verdade é que fiz isso tudo por mim. Hal me ensinou que, mesmo no meio de um desafio tão terrível quanto uma doença terminal, a felicidade é possível. Ah, e ele não morreu em seis meses. Viveu mais de dois anos, abençoando com sua presença aqueles que estavam à sua volta. Sinto sua falta, mas a marca positiva que ele deixou na minha vida é permanente. Ele superou em quatro vezes sua expectativa de vida. Esse é o poder regenerador da saúde criado por uma vida de gratidão, em vez de reclamação.

A essa altura de nossa jornada, você começou a perceber suas reclamações. Já se tornou consciente de sua incompetência e repara quando reclama. Você agora está no estágio da Incompetência Consciente.

PARTE 2

Incompetência Consciente

CAPÍTULO 3

As reclamações e os relacionamentos

"É desperdício de tempo ficar com raiva por causa da minha deficiência. É preciso seguir em frente – e considero que não me saí mal. As pessoas não terão tempo para você, se estiver sempre zangado ou reclamando."

STEPHEN HAWKING

Ao entrar na etapa da Incompetência Consciente, você está perturbadoramente alerta (consciente) da freqüência de suas reclamações (incompetência).

Quando nos lamentamos, podemos receber como benefícios atenção e simpatia. Também evitamos ter que fazer alguma coisa que consideramos difícil. Mas se queixar é como andar na corda bamba. Quem reclama de maneira crônica pode acabar sendo evitado, pois os outros sentem sua energia ser drenada por ele. Você provavelmente conhece pessoas assim. Por sua natureza propensa a reclamações, elas literalmente roubam sua energia, transformando-a em comiseração. Por outro lado, pessoas que passam por problemas sérios podem permanecer positivas e não assumir o papel de vítimas. Embora meu amigo Hal estivesse morrendo, nunca senti que ele drenava minha energia quando estávamos juntos. Ao contrário, eu era contaminado por seu otimismo e por sua boa disposição.

VOZES

A primeira vez que ouvi falar em sua incrível iniciativa foi no *The Today Show*. Comecei a consultar meus colegas de trabalho para saber se teriam interesse em encarar o desafio. A maioria concordou e então encomendamos as pulseiras. Decidimos que, enquanto esperávamos por elas, nos esforçaríamos para não reclamar num determinado dia da semana. Escolhemos as segundas-feiras. São nossas Segundas Sem Queixas.

Pusemos avisos nos quadros da empresa e por todo o escritório com lembretes aos empregados para não se lamuriarem, ranzinzarem ou reclamarem às segundas-feiras. Foi uma inspiração para toda a equipe, e agora costumamos nos cumprimentar assim: "Bem-vindos às Segundas Sem Queixas."

Quando você pára e pensa, vê que a vida é curta demais. Estamos sempre à procura daquelas grandes bênçãos (mais dinheiro, segurança no emprego, alguns quilos a menos, etc.), mas precisamos começar procurando as ínfimas bênçãos que recebemos a cada dia. Acho esse movimento maravilhoso. Somos tão abençoados!

– Sally Scudiere, Kent, Ohio

As pessoas costumam ocupar graus variados na escala que vai de "raramente reclama" a "freqüentemente reclama". Dentro de um grupo, quando uma pessoa foge da norma dominante, com o tempo vai descobrir que não é mais bem-vinda.

Mais uma vez, imagine a reclamação como se fosse uma droga. Muitos de nós já passamos por situações em que outras pessoas estavam bebendo excessivamente, fumando ou usando drogas. Se um integrante do grupo não quer fazer a mesma coisa, o restante se sente ameaçado. Minha teoria sobre esse fenômeno é que os adeptos de comportamentos destrutivos sabem que não estão fazendo escolhas saudáveis, e isso é gritante quando são comparados a alguém que não partilha das suas escolhas. É desconfortável conviver com quem reclama mais ou menos do que nós. Nossas vibrações são diferentes, e pessoas com níveis diferentes de energia se repelem.

Você se encontra num ninho de reclamações? Vive cercado por pessoas ranzinzas? Então, é melhor prestar atenção. Tendemos a andar com pessoas que são parecidas conosco e a fugir daquelas que são diferentes. Uma das coisas mais impressionantes sobre o movimento Sem Reclamações é o número de pessoas que afirmam viver afogadas num mar de lamentações: "Socorro! Todo mundo que conheço reclama o tempo todo." Quando recebemos essas mensagens – e elas chegam com freqüência –, sorrimos porque sabemos que quem está falando isso provavelmente também reclama um bocado, mas não tem idéia de que costuma fazê-lo. Ao encarar o desafio e perceber que também vivem se lamuriando, essas pessoas passam a ter grande compaixão pelas outras.

Em *Ilusões*, Richard Bach escreveu verdades simples e profundas, como "semelhante atrai semelhante". Pessoas parecidas, sejam adeptas da reclamação ou da gratidão, se atraem. Pessoas que não são parecidas se repelem. Somos todos seres de energia, e energia que não vibra na mesma freqüência não consegue entrar em harmonia.

Os pensamentos também são energia. Você atrai aquilo que entra em harmonia com seu padrão de pensamento e repele o que não se harmoniza. Suas palavras revelam, reforçam e perpetuam seus pensamentos. Quando se queixa, você na realidade está afastando aquilo que afirma querer. Suas reclamações jogam para longe as coisas que você diz que gostaria de ter. Conheço um grupo de mulheres que se reúne uma vez por semana em busca de apoio. Esse "apoio" consiste basicamente em reclamar dos homens. Pelo que sei, seus temas favoritos são "o egoísmo masculino", "a incapacidade que os homens têm de assumir um compromisso", "a impossibilidade de se confiar nos homens". Não é surpresa que nenhuma dessas mulheres consiga manter um relacionamento feliz e saudável com um homem. Querem ter um boa relação? Claro, mas com suas reclamações estão enviando vibrações que dizem que "homem não presta" – e impedindo que os que prestam se aproximem delas. Estão criando essa realidade por meio de suas queixas.

Alguns anos atrás, Gail e eu conhecemos um casal com um filho da mesma idade da nossa menina. Nós, os adultos, tínhamos muito em comum e as crianças adoravam brincar juntas. Dessa forma, nossas famílias começaram a passar muito tempo reunidas. Depois de vários meses, percebi que nem eu nem Gail ansiávamos por esses encontros. Uma noite, Gail disse: "Gosto muito dos dois, mas ela só reclama dele o tempo todo." Contei para ela que o marido também não parava de criticar a esposa durante nossas conversas longe das duas.

Percebemos que, durante essas sessões de queixas, os respectivos cônjuges não apenas reclamavam um do outro, como também estavam determinados a ajudar a mim e a Gail a encontrar os defeitos de nosso relacionamento. Eles nos estimulavam a focalizar as coisas de que não gostávamos um no outro e a falar sobre elas. A miséria adora andar em grupo – e ser legitimada por ele. Com o tempo, fomos deixando de nos encontrar com essa família até que acabamos perdendo contato.

Gail e eu temos nossos desafios, como qualquer casal. A pessoa com quem você mantém uma relação, com freqüência, faz virem à tona coisas que você precisa assumir e, em última instância, curar. Nós resolvemos nossos problemas conversando um com o outro e não reclamando com terceiros. Falar sobre eles com outra pessoa que não seja a que o magoou é triangulação. Isso acontece quando você vive uma situação incômoda com alguém, mas discute a questão com uma terceira, em vez de resolvê-la com o envolvido. A comunicação saudável acontece por meio da conversa direta e exclusiva com a pessoa com quem você tem problemas a resolver. Falar com os outros é reclamar e só serve para perpetuar o problema, em vez de colocar um ponto final nele.

Você pode ter passado por esta situação em algum momento da sua vida. Um de seus filhos fica aborrecido com o irmão e o procura, em vez de conversar diretamente com o causador do aborrecimento. Você, o pai bondoso e sábio, acaba se envolvendo, talvez dando conselhos para que o filho descontente possa resolver a questão ou, pior, indo procurar a outra criança. No curto prazo, você pode levar os dois a fazerem as pazes, mas está deixando de fornecer a seus filhos as ferramentas de que necessitam para cuidar de dificuldades futuras em suas vidas. Está permitindo que a criança que reclama assuma o lugar de vítima, perpetuando um padrão que será empregado nos desafios que terá pela frente.

Você deseja ajudar e apoiar seus filhos, mas, ao tentar resolver suas questões pessoais, não irá fornecer um bom modelo de comunicação. Mais do que isso, inconscientemente estará convidando seus filhos a envolvê-lo regularmente em seus conflitos, não importa a escala ou a relevância. É melhor encorajá-los a conversar uns com os outros, confiar na sua própria consciência e resolver seus problemas. Dessa forma, você estimulará o dom da comunicação saudável e os ajudará a encontrar seu próprio poder, outro dom importante.

A triangulação é uma prática freqüente. Recentemente, ouvi um pastor contar para outro como é que um terceiro conduzia sua igreja. Depois de muitos minutos dessa lenga-lenga, o ouvinte – que permanecera silencioso até àquele momento – pegou o telefone celular e ligou para o pastor que estava sendo criticado: "Jim, aqui quem fala é o Jerry. Estou agora com o Mike, e ele dividiu comigo seus sentimentos sobre você e sua igreja. Não quero fazer parte disso e tenho certeza de que você adoraria ouvir o que ele tem a falar. Pois bem, Mike, aqui está o Jerry." Mike ficou em silêncio, em estado de choque, o rosto ruborizado. Naquele momento, ele recebeu claramente a mensagem de que falar de alguém pelas costas não era uma atitude íntegra. E Jerry traçou um saudável limite, garantindo que não queria mais ouvir as maledicências de Mike.

Isso explica por que classifico a fofoca como uma espécie de reclamação. Se você quiser falar de uma pessoa na ausência dela, terá que ser capaz de repetir, palavra por palavra, o que está dizendo na cara dela.

Não há mal nenhum em falar dos outros, desde que você só tenha coisas positivas e elogiosas a dizer. E não tente se enganar com frases do tipo "Não é maravilhoso como ela se veste mal?", ou seja, fingindo que há um lado positivo naquilo que você sabe perfeitamente que é uma crítica. É a mesma coisa. Sua mãe tinha razão: se você não consegue dizer alguma coisa boa, é melhor não abrir a boca. Não precisa espalhar energia negativa pelo mundo.

Um dos principais motivos que temos para fazer fofoca ou reclamar é parecer que somos melhores na comparação: "Pelo menos não sou tão ruim quanto fulano de tal." Quando aponto seus defeitos, estou querendo dizer que não tenho tais falhas e por isso sou melhor do que você.

Reclamar é se gabar. E ninguém gosta de alguém que fica se gabando.

Agora uma informação para você refletir a respeito. Você não perceberia os defeitos dos outros se também não os possuísse. As pessoas que dizem viver cercadas de "reclamões" tendem a se queixar com freqüência. Do mesmo modo, as características das pessoas à sua volta que o perturbam são justamente aquelas que você compartilha, mas de que não tem consciência. Perceber os defeitos dos outros é uma das formas que o universo tem de convidá-lo a reconhecer o problema em si mesmo. Se quiser apontar algo de negativo em alguém, verifique antes se o que o desagrada não reside também dentro de você e fique grato pela oportunidade de constatar essa dificuldade e curá-la.

E, por favor, não deixe de perceber o outro lado de tudo o que foi dito antes. As boas coisas, aquelas que você admira nos outros, são atraentes pela mesma razão. Você é capaz de reconhecê-las porque também as possui. São seus atributos pessoais.

As qualidades podem estar adormecidas, mas, se você se concentrar nelas, será capaz de trazê-las de volta à superfície.

Além de criar a sua realidade por meio de pensamentos e palavras, você também afeta a daqueles que estão à sua volta. Na próxima vez que estiver numa platéia e as pessoas começarem a aplaudir, repare uma coisa: se os aplausos durarem muito, os indivíduos tenderão a bater palmas no mesmo ritmo. Os seres humanos caminham na direção da harmonia de suas vibrações, e, quando essa harmonia não é possível, ela tende a se dissipar. Quando as pessoas batem palmas numa só pulsação, as palmas tendem a durar mais. Caso contrário, elas param.

Já demonstrei isso diversas vezes ao falar em público. Sem explicar o motivo, pedi às pessoas que batessem palmas até que eu pedisse que parassem. Às vezes é uma questão de segundos, em outras ocasiões leva um ou dois minutos, mas nunca falha. O aplauso ganha um ritmo, uma cadência. O grupo de indivíduos começa a aplaudir como se fosse uma platéia de metrônomos humanos sincronizados. É da natureza humana buscar o mesmo ritmo, entrar em sincronia com os outros, encaixar-se nos padrões daqueles que estão em volta. Por isso, quando está cercado de pessoas que reclamam, você descobre que também reclama mais.

Tomar consciência da quantidade de reclamações ao seu redor fará com que você perceba que pode estar atraindo essa energia negativa. Isso faz parte do processo de transformação. E, para implementar essas mudanças, às vezes você precisa deixar para trás alguns antigos relacionamentos. Enquanto enfrentava o desafio dos 21 dias, descobri que sempre acabava resmungando quando falava com um velho amigo meu. Depois de mudar minha pulseira de braço quatro vezes durante uma conversa telefônica de 15 minutos, disse para mim mesmo: "Se Scott não fosse tão negativo, eu não ficaria tentado a reclamar sempre que nos falamos." No telefonema seguinte, fiz um esforço consciente para que a conversa fosse positiva, mas descobri que era bem difícil. Na realidade, tínhamos bem pouco a dizer um ao outro. Percebi que nosso relacionamento se baseava em reclamações e, como éramos extremamente competitivos, nos desdobrávamos para superar os resmungos do outro. Se houvessem os Jogos Olímpicos da Reclamação, o páreo para ganhar a medalha de ouro seria duro.

Para completar o desafio, parei de atender seus telefonemas. "A culpa é do Scott", dizia a mim mesmo, sentindo-me superior. Outras pessoas que conheciam Scott, entretanto, não o consideravam uma pessoa negativa. Com elas, ele era positivo, otimista e animado.

Tive que admitir que o problema era meu. Era a minha negatividade que alimentava o *kvetching* em nosso relacionamento. Assim, no período em que me mantive afastado, procurei eliminar as reclamações de dentro de mim, em vez de jogar a culpa no meu amigo.

Portanto, está na hora de cair na realidade. Você diria que passa a maior parte do tempo com pessoas que vivem reclamando? Em caso positivo, como está se saindo com as pulseiras roxas (ou com qualquer outra ferramenta escolhida para se monitorar)? Você exprime pesar, dor e descontentamento com regularidade? Se a resposta for sim, tudo bem: você é normal. Mas você pode ser mais do que isso – uma pessoa incrível, extraordinária. Juntos chegaremos lá.

As pessoas costumam me perguntar: "Como posso fazer com que meu chefe (amigo, amante, marido, filhos, empregados, etc.) pare de reclamar?" A resposta é: não pode. Mas eu não disse antes que podia? Sim, e seja bem-vindo ao grande paradoxo das transformações. Você não pode mudar alguém. As pessoas mudam porque querem, e tentar forçar a mudança só faz com que se agarrem com mais força ao comportamento atual.

Como bem disse Benjamin Franklin, para inspirar a mudança nos outros, "o melhor sermão é o bom exemplo". E Gandhi colocou as coisas dessa maneira: "Precisamos vivenciar aquilo que queremos que os outros aprendam." Se quiser que os outros mudem, você precisa mudar primeiro. Acredito que você tenha razões nobres para desejar que os outros mudem. Mas o simples fato de manter esses relacionamentos significa que você contribui para que as queixas, críticas e fofocas aconteçam. Quando patrões, pais, pastores, treinadores ou chefes de família requisitam as pulseiras querendo promover transformações naqueles que lideram, eu geralmente me sinto inclinado a enviar um bilhetinho com as palavras: "Atenção: isso não vai funcionar a menos que você também se envolva." Acredito que as pulseiras roxas poderiam ter sido mais um brinde domingueiro, como Marcia dizia, se eu não tivesse perseverado até mostrar que era possível passar 21 dias consecutivos sem reclamações. Se quiser ajudar alguém a mudar, lembre-se de que um líder de verdade fica na linha de frente, encarando as fronteiras e abrindo as trilhas que serão percorridas depois pelos outros.

Um antigo provérbio russo diz: "Se quiser limpar o mundo inteiro, comece varrendo a porta de casa." A transformação que procuramos nunca está "lá fora" – está dentro de nós mesmos. O que fazemos influencia o mundo, pois influencia quem está à nossa volta, e seu impacto se espalha.

Já prestou atenção na forma como as conversas se desenvolvem quando as pessoas se reúnem? Alguém menciona um livro e o assunto passa a ser literatura por algum tempo. Ou, se o livro em questão trata de camping, por exemplo, a conversa pode tomar esse rumo e abordar viagens inesquecíveis ou emocionantes nas quais os participantes acamparam. Os assuntos oscilam de um tema a outro, como no videogame Frogger, dos anos 1980, em que uma rã atravessa um riacho pulando num galho de árvore que flutua, depois nas costas de uma tartaruga e em outro galho. As conversas avançam de forma parecida. São como uma grande sinfonia, em que determinado tema é introduzido e repetido até que aconteça uma sutil alteração promovida por um dos instrumentos que desembocará numa melodia completamente nova.

A literatura especializada na recuperação de alcoólatras e viciados em drogas afirma: "Nossa doença é progressiva." A mesma coisa acontece com a reclamação. Na próxima vez que estiver batendo papo com um grupo de pessoas, repare quando alguém começar a reclamar. A queixa se transforma num esporte competitivo à medida que cada um tenta superar o outro. O tom da conversa logo muda para alguma coisa do tipo: "Você acha que isso é *ruim*? Deixe então eu dizer uma coisa..." Tudo começa de forma simples, sem que ninguém esteja planejando arrastar o grupo para uma sessão de ranhetice coletiva, mas logo o papo se transforma num concurso em que cada participante tenta superar o outro em matéria de coisas horríveis que viveu ou que ainda está vivendo.

Um belo exemplo desse aspecto da comunicação humana foi parodiado pela trupe de comediantes britânicos Monty Python Flying Circus no esquete "Quatro cavalheiros de

Yorkshire", em que quatro amigos sofisticados estão batendo papo e degustando um vinho caro. A conversa começa de forma positiva, torna-se sutilmente negativa e, com o tempo, se transforma numa incansável sucessão de reclamações.

Um deles comenta como, no passado, teria se sentido afortunado se pudesse pagar uma xícara de chá. Outro, querendo superar o primeiro, diz que teria se considerado um homem de sorte se pudesse tomar uma xícara de chá *frio*.

As queixas se intensificam e os comentários vão ficando cada vez mais ridículos, enquanto cada um tenta demonstrar que passou por maiores dificuldades. Nessa hora, um dos cavalheiros conta sobre as condições precárias da casa onde morava na infância. O segundo cavalheiro de Yorkshire se exaspera e responde:

– Casa! Você teve sorte de morar em uma casa! Vivíamos num cômodo só, todos os 26 membros da família. Não havia mobília, metade do cômodo não tinha piso e ficávamos amontoados num cantinho, com medo de cair no buraco.

– Mas você teve sorte de ter um cômodo! Nós morávamos no corredor!

– Puxa, a gente sonhava em morar em um corredor! Morávamos numa velha caixa d'água de um depósito de lixo. Acordávamos todas as manhãs com toneladas de peixe podre sendo jogadas em cima de nós!

– Bem, quando eu disse "casa" estava me referindo a um buraco no chão coberto por uma folha de zinco. Mas era como se fosse uma casa para a gente. Depois fomos expulsos de nosso buraco. Tivemos que ir morar dentro de um lago.

– Você teve sorte de morar em um lago! Havia 150 de nós morando numa caixa de sapatos no meio da estrada.

Finalmente, um dos personagens consegue acabar com a competição ao declarar:

– Eu tinha que acordar de manhã às dez da noite, meia hora antes de ir para a cama, beber uma xícara de ácido sulfúrico, trabalhar 29 horas por dia numa fábrica e pagar ao dono pela permissão para trabalhar. E, quando chegávamos em casa, nossos pais nos assassinavam e dançavam em nossas tumbas cantando "Aleluia!".

Você realmente quer ganhar essa competição de reclamações? Se for o caso, vá em frente, resmungue até todo mundo desistir e proclamar você o maior reclamão da face da Terra. A vitória traz prêmios, como relacionamentos infelizes repletos de melodrama, problemas de saúde, preocupações financeiras e uma variedade de outras questões. Se esses prêmios não forem atraentes, não se envolva quando ouvir os outros se queixarem. As pessoas o estão enredando, e você as está enredando também. Quando estiver num grupo e a conversa descambar para a negatividade, fique na sua e observe. Não tente mudar ninguém. Se perguntarem por que você não está reclamando, diga que está "em treinamento" para se tornar uma pessoa Sem Reclamações.

CAPÍTULO 4

O despertar

"Nós encontramos o inimigo: somos nós mesmos."

POGO

Um jovem monge entrou para uma ordem que exigia completo silêncio. Somente o abade poderia permitir que os monges falassem. Passaram-se quase cinco anos até que o abade se dirigiu ao novato:

–Você pode dizer duas palavras.

Escolhendo as palavras com cuidado, o monge falou:

– Cama dura.

Com preocupação genuína, o abade disse:

– Lamento que sua cama não seja confortável.Vamos ver se conseguimos outra.

Perto do décimo ano no mosteiro, o abade voltou a se aproximar do jovem:

–Você pode dizer mais duas palavras.

– Comida fria – disse o monge.

–Vamos ver o que podemos fazer – respondeu o abade.

Quando o monge completou 15 anos no mosteiro, o abade voltou a falar com ele:

– Você pode dizer duas palavras.

– Quero sair – disse o monge.

– É uma boa idéia – retrucou o abade. – Você não fez nada além de reclamar desde que chegou aqui.

Como o jovem monge, você pode não achar que reclama com freqüência, mas começa a despertar para o fato de que, sim, você reclama.

Todos nós já passamos pela experiência de sentar, apoiar ou deitar sobre os braços ou as pernas durante um tempo e ter uma sensação de dormência. Quando transferimos nosso peso e o sangue volta a correr pelo membro, ele formiga. Algumas vezes o formigamento é desconfortável ou doloroso. O mesmo acontece quando você começa a despertar e se dá conta de sua natureza queixosa. Se você for como a maioria das pessoas, a percepção da freqüência com que essas reclamações acontecem pode ser chocante. Isso não é um problema. Apenas continue a mudar a pulseira, o elástico, a moeda, o peso de papel ou qualquer outro objeto de posição e siga em frente. Não desista.

Lembre-se de que só estamos preocupados com as reclamações que verbalizamos. No desafio dos 21 dias, trabalhamos para erradicar as queixas que são exprimidas. Não há problema algum em pensar, pois logo você irá descobrir que, ao fazer cada vez menos reclamações, sua mente também produzirá menos pensamentos desse tipo. Voltaremos a falar sobre isso mais tarde. Por enquanto, preocupe-se apenas com as lamúrias que realmente escapam da sua boca.

Atenção: o estágio da Incompetência Consciente é aquele em que vi muita gente desistir e voltar a adotar seu antigo comportamento. A onda pára neles; os círculos de expansão são interrompidos. Já mencionei que fui uma criança obesa. No último ano do ensino médio, finalmente consegui perder quase 50kg. Quando os amigos me perguntavam que dieta produzira um resultado tão espetacular, eu respondia: "Foi a dieta que eu levei adiante." Já tinha tentado dúzias de dietas, mas sempre desistia no meio. Portanto, vá em frente mesmo quando se chocar e se constranger com a freqüência das suas reclamações. Eu escorreguei várias vezes, mas comecei de novo. É o que precisa ser feito: começar mais uma vez e outra. Nas palavras de Winston Churchill, "sucesso é avançar de fracasso em fracasso sem perder o entusiasmo".

Sou um malabarista. Não, não estou tentando usar uma astuciosa figura de linguagem para mostrar como minha vida está ocupada, como se eu tivesse que manter um monte de bolas no ar ao mesmo tempo. Tome a frase ao pé da letra. Faço malabarismo como hobby. Aprendi num livro que vinha acompanhado por três almofadinhas de tecido, recheadas com cascas de nozes. O formato das almofadas e o recheio foram projetados com o objetivo de impedir que rolassem ao cair no chão. A importante mensagem implícita que acompanhava as almofadas era: vamos *cair* no chão.

Faço malabarismo em eventos na escola da minha filha e na igreja. Mas sempre recuso convites para me apresentar em shows de talentos. Praticar malabarismo não é um talento, é uma habilidade. Um talento pode ser cultivado e alimentado até ganhar sua completa expressão. Uma habilidade é uma coisa que a maioria das pessoas pode aprender, se investir tempo. Ensinei pessoas a fazer malabarismo e sempre começo entregando a elas uma das almofadinhas que não rolam e pedindo que a joguem no chão. Embora confusas, as pessoas obedecem. "Agora pegue", digo. Elas seguem as instruções. "Agora deixe cair novamente", "Pegue", "Deixe cair", "Pegue". Continuamos muitas e muitas vezes até que começam a cansar do exercício. A essa altura, eu pergunto: "Você realmente quer aprender a fazer malabarismo?" Se dizem que sim, falo para se acostumarem a deixar a almofadinha cair e pegá-la no chão, porque é o que vai acontecer milhares de vezes, até que se tornem competentes. Pegue a almofadinha no chão mesmo quando você estiver cansado de deixá-la cair, mesmo se sentindo frustrado. Simplesmente continue a pegá-la no chão.

Aprender uma nova manobra de malabarismo significa voltar à etapa de deixar cair e pegar de novo. A primeira vez que tentei aprender a lançar bastões, um deles bateu com força na minha clavícula ao cair. Joguei os bastões no fundo do armário, concluindo que jamais aprenderia a utilizá-los corretamente. Mais ou menos um ano depois, tirei os bastões do armário e experimentei de novo. Agora posso fazer malabarismos não apenas com bastões, mas também com facas e até mesmo com tochas. Qualquer um que esteja disposto a apanhar as almofadinhas, as bolas, os bastões, as facas e as tochas tantas vezes quantas forem necessárias pode aprender a fazer malabarismo com eles. Para se tornar uma pessoa Sem Reclamações, você precisa apenas mudar sua ferramenta de monitoramento de posição e recomeçar, recomeçar, recomeçar...

Uma dúvida pode passar pela sua cabeça: "Como vou saber se estou reclamando ou simplesmente narrando um fato?" Segundo o Dr. Robin Kowalski, "se uma afirmação reflete ou não uma reclamação depende de quem falou estar ou não experimentando uma insatisfação interna". As palavras usadas numa reclamação ou numa "não-reclamação" podem ser idênticas. O que as diferencia é o significado, a energia com que você as impregna. O estágio da Incompetência Consciente é aquele em que você passa a perceber o teor do que diz e, mais importante ainda, a energia impregnada nas suas palavras.

Depois de quase dois meses tentando concluir o desafio dos 21 dias, com incontáveis tentativas e recomeços, finalmente consegui passar 20 dias sem reclamações – mais um e o desafio estaria concluído! Já podia vislumbrar a linha de chegada e me aproximava cada vez mais dela. À noite, durante o jantar com minha família, relatei algo que tinha acontecido naquele dia e, quando percebi o que estava fazendo, gaguejei:

– N... Não! Isso foi uma reclamação?

Gail sorriu e disse.

– Querido, se você precisou perguntar, provavelmente foi uma reclamação.

Mudei a pulseira de posição. Dia 1, lá vou eu novamente. Se é preciso perguntar, deve ser uma reclamação. Recomece e lembre-se de que você está tentando transformar a sua vida, e não completar o desafio o mais rápido possível. Não é uma corrida. É um processo.

É uma reclamação quando você quer que a pessoa ou a situação mudem. Se você quer que as coisas sejam de outra forma, é uma queixa, e não a descrição de um fato. Enquanto escrevo, estou sentado numa estação de trem em San José, Califórnia. Meu trem deveria ter saído às 9h. São 10h30 e fui informado de que a saída está prevista para as 12h, ou melhor, três horas depois do horário marcado. Dependendo da forma como você esteja lendo o que acabei de escrever, pode achar que estou me queixando. Mas sei bem qual é a energia que estou empregando nessa situação. Estou sentado na plataforma, aproveitando a manhã de primavera e bebericando uma xícara de chá de canela, enquanto divido com você um tema pelo qual sou apaixonado. Estou feliz. Estou grato. O atraso do trem é uma maravilhosa bênção. Estou podendo fazer o que adoro, num belo cenário.

Humm... E se eu não quiser esperar? Talvez se eu reclamar bem alto e com bastante raiva com o vendedor de passagens, ou se me queixar com todas as pessoas que estiverem por perto, consiga apressar a saída do trem. Isso funcionaria, certo? Claro que não. No entanto, vemos esse comportamento ocorrer com freqüência. O trem vai passar na hora informada, e será uma ótima hora.

Recentemente dei uma entrevista para um programa matinal de rádio. Um dos locutores argumentou que não tinha como parar de se queixar: "Meu trabalho é reclamar – e ganho bem para isso." "Certo", eu disse, "mas, numa escala de 1 a 10, qual o seu grau de felicidade?" Depois de um segundo, ele respondeu: "Essa escala tem números negativos?" Reclamar pode trazer vários tipos de benefícios, até mesmo financeiros, mas a felicidade não é um deles.

Já falamos sobre a forma como recebemos compensações psicológicas e sociais em conseqüência de nossas reclamações. Sociólogos e psicólogos têm teorias que explicam que também reclamamos para parecer mais críticos. Por exemplo, mesmo que a cozinha de um determinado restaurante seja excelente, uma pessoa pode se queixar de que não está à altura de seus padrões de exigência. É uma maneira de dizer que seu padrão é realmente elevado. O autor da reclamação quer que todos saibam que tem conhecimento para julgar o que é alta gastronomia e, implicitamente, está afirmando que seu gosto refinado é o resultado de muitas experiências em estabelecimentos de primeira classe. Como o personagem de Rodney Dangerfield em *Clube dos pilantras*, ao se dirigir a um garçom do requintado Bushwood Country Club: "Ei, diga ao cozinheiro que isso aqui não passa de ração de segunda classe." O que o autor da reclamação quer dizer é: "Sou tão sofisticado que nada disso me impressiona." Mais uma vez, reclamar é uma forma de se gabar.

Pergunte a si mesmo: será que as pessoas confiantes e seguras de si se gabam? A resposta é negativa. Quem tem uma auto-estima saudável aprecia seus pontos fortes, aceita suas fraquezas e é feliz consigo mesmo não precisa se gabar. Essas pessoas não sentem necessidade de criar uma imagem para consumo externo nem de reclamar para obter benefícios neuróticos. Thaddeus Golas resumiu esse conceito em seu livro *The Lazy Man's Guide to Enlightenment* (O guia da iluminação para o preguiçoso): "Amar a si mesmo não é uma questão de reforçar seu ego. O egoísmo é uma forma de provar que você tem méritos depois de se afundar no ódio a si mesmo. Quando você se ama verdadeiramente, seu ego se dissolve. Você não sente mais necessidade de demonstrar que é superior."

Uma pessoa insegura, que duvida de seu valor e questiona sua própria importância, vai se gabar e reclamar. Contará tudo sobre suas conquistas, na esperança de receber de volta o reflexo de aprovação no olhar de seus ouvintes. Também reclamará da sua dificuldade para conquistar simpatia, como uma maneira de se desculpar por não ser capaz de atingir seus objetivos. A verdade é que ela reclama porque não sente que merece aquilo que deseja. Sua falta de amor-próprio a leva a afastar tudo aquilo que ela diz desejar.

Aprenda: você merece tudo o que deseja. Pare de inventar desculpas e siga na direção do seu sonho. Se você diz coisas do tipo "Todo homem tem medo de compromisso", "Todo mundo na minha casa é gordo", "Não tenho coordenação" ou "Meu orientador me disse que nunca vou chegar a lugar nenhum", está se fazendo de vítima. Vítimas não se tornam bem-sucedidas. E é você quem escolhe o que quer ser.

Reclamar é como um recado da mãe de Epstein, do seriado *Welcome Back Kotter.* Juan Epstein, um dos alunos dessa comédia que se passava em uma sala de aula, costumava trazer recados de casa para evitar fazer algumas tarefas. Por exemplo, um dos bilhetes dizia: "Epstein não pode fazer a prova hoje porque passou a noite em claro descobrindo a cura do câncer." Os bilhetes vinham sempre assinados pela "Mãe de Epstein". É claro que era o próprio garoto quem os escrevia para evitar as provas e os trabalhos. Nós reclamamos para evitar correr certos riscos e ter que fazer coisas que não queremos. As queixas parecem legítimas, mas são apenas desculpas esfarrapadas e, como os bilhetes do programa, são produzidas pelos personagens que as apresentam: nós mesmos.

Por favor, saiba que compreendo que coisas terríveis podem ter acontecido com você. Isso se passa com muita gente. Você pode contar sua história inúmeras vezes, estar "certo" sobre o que ela representa e deixar que se transforme numa desculpa que o limitará eternamente. Ou então pense em sua vida como uma atiradeira. O que determina a distância que uma pedra vai voar? A resposta é: depende de quanto você puxa a tira para trás. Se estudar a vida de pessoas bem-sucedidas, descobrirá que freqüentemente o sucesso delas aconteceu por causa dos obstáculos que enfrentaram e não apesar deles. Elas aceitaram os problemas e usaram essas experiências para crescer. Pararam de dizer para todo mundo quanto tinham sido prejudicadas e passaram a procurar as bênçãos nos novos desafios. E, ao procurar, encontraram. Elas forçaram para trás a tira da atiradeira e, como resultado, alçaram vôos cada vez mais altos.

Para lançar uma pedra de uma atiradeira, é preciso soltá-la. É preciso que ela siga seu caminho. O mesmo acontece com os desafios e experiências dolorosas que você enfrentou. Deixe que sigam seu caminho.

Quando Liese, minha primeira mulher, me deixou, ela me disse que uma das principais razões para estar partindo era a minha insegurança. Eu procurava sua aprovação e afirmação constantemente, e aquilo a consumia. Hoje compreendo isso. Tentava compensar minha insegurança reclamando, sendo barulhento e extremamente crítico. Ora estava contando para todos como eu era incrível, ora apontando os defeitos dos outros para parecer bem em comparação. Eu estava sofrendo e descontava isso nas pessoas à minha volta. Lembre-se: quem fere está ferido.

Finalmente, parei para examinar o significado da palavra *inseguro*. Estar seguro significa se sentir confortável, aceitar as coisas como são. E estar inseguro é o oposto disso. Por muitos anos, tentei me tornar uma pessoa segura mudando quase tudo em mim. Comecei a compreender que a segurança surge quando aceitamos as coisas como são, sem tentar mudá-las. O maior ensinamento que tirei dessa experiência foi que, para deixar de ser inseguro, eu precisaria *me tornar seguro da minha insegurança.*

Em vez de me diminuir diante de mim mesmo, inventar desculpas ou tentar desviar o foco para os outros por meio de críticas e reclamações, eu teria que aceitar aquelas horas de dolorosa insegurança e encontrar apoio em mim mesmo enquanto atravessava aquela situação. Ao me sentir desconfortável, fraco e desvalido (o que acontecia com freqüência), comecei a repetir para mim mesmo: "Está tudo bem. Vá em frente e sinta o que você está sentindo. Você vai ficar bem se sentindo assim."

Foi um milagre. À medida que eu aprendia a me sentir confortável com minha insegurança, as ocasiões de desconforto se tornaram menos freqüentes e mais curtas. Da mesma maneira que não é possível promover transformações positivas em outra pessoa apenas com críticas, também não adianta ficar se criticando à espera de mudanças. Às vezes, quando minha voz interior estava no auge de sua verve crítica, eu me sentava para escrever em meu diário e deixava que ela derramasse seus pensamentos naquelas páginas. Em vez de tentar argumentar com aquela voz zangada, eu a cumprimentava: "Cara, você realmente conseguiu acabar comigo. Tenho certeza de que fez isso porque quer apenas o melhor para mim. Sinta-se à vontade para expressar esses pensamentos sempre que quiser." Sem tentar me defender, meus pensamentos críticos desapareciam completamente.

Todos nós temos um monstrinho morando dentro de nossa cabeça. Ele é essa agressiva voz interior. Tentei fazer amizade com o meu e, quando perguntei, ele me disse que seu nome era Sylvester. Quando penso nele, imagino o diabo-da-tasmânia dos desenhos do coelho Pernalonga. Sylvester é um criador de caso rabugento, que rodopia no meu cérebro criando o caos. Quando tento suavizar suas observações cáusticas, ele se torna mais barulhento e estridente. Por isso, agora eu o encorajo: "Não há ninguém melhor do que você para descobrir meus defeitos, e sei que você faz isso porque me ama." Quando faço isso, vem à minha mente a imagem de Sylvester parado, em estado de choque, sem saber exatamente o que fazer. Confuso, mordendo os lábios, os olhos indo de um lado para outro, sem saber o que dizer em seguida.

Do ponto de vista pessoal, sou eternamente grato a Liese. Sua partida foi o empurrão de que eu necessitava para iniciar essa jornada. Foi a catarse que fez com que eu mergulhasse dentro da minha alma e permitiu que compartilhasse o que aprendi com o resto do mundo. Muito obrigado, Liese.

Não reclame para se fazer de especial. Acorde. A verdade é que você é especial. Entre as definições da palavra "especial" estão "original, distinto, com uma função particular". Você é especial. Ninguém exatamente como você viveu ou viverá sobre a face da Terra. Ninguém tem seus olhos, impressões digitais, formato das orelhas ou voz. Você é tão original quanto o seu DNA. Os cientistas dizem até que ninguém no planeta tem o seu cheiro. Isso é ou não é especial? Você é uma expressão perfeita do Infinito. Você é o Divino em forma humana. É singular e tem algo de maravilhoso e único a contribuir para o mundo. Você é perfeito, mesmo com o que costuma chamar de imperfeições.

À medida que Sylvester e eu nos tornamos amigos, comecei a amar aquelas partes de minha personalidade que costumava abominar. Em vez de considerar esses traços como defeitos, passei a abraçá-los como peculiaridades e idiossincrasias – justamente as características que me tornam a pessoa que sou. Era uma tolice imaginar que eu seria capaz de mudar antes de apreciar as minhas qualidades. Ao me concentrar constantemente no que estava errado comigo, eu garantia que iria descobrir coisas erradas. Aqui voltamos a um tema recorrente.

Pouco depois de aceitar o cargo de líder da Christ Church Unity, uma mulher me entregou uma lista com as coisas de que ela não gostava na igreja. Desejoso de deixar uma boa impressão e de tornar feliz um membro da congregação, fiz o que pude para mudar aquilo que a deixava insatisfeita. Em vez de me procurar mais tarde para agradecer, ela me trouxe uma nova lista de reclamações. Ao falar sobre aquilo de que você não gosta em si mesmo, no seu trabalho, na sua família, na sua saúde, nas suas finanças, na sua igreja ou em qualquer outra coisa, você sempre encontrará mais coisas para não gostar. Lembre-se: semelhantes se atraem. Ao apreciar mais a si mesmo, às pessoas e às situações de sua vida, você atrairá mais daquilo que gosta.

Na primeira vez que fui ao programa da Oprah, ela me perguntou: "Por que as pessoas reclamam do tempo? Todas as reclamações do mundo não poderiam fazer o tempo mudar."

Deixando de lado a discussão se temos ou não controle sobre o tempo, por que reclamamos dele? Porque é seguro. Reclamar é seguro, não ameaça ninguém nem exige um alto nível de expressão.

Outra razão para considerar a reclamação segura pode estar relacionada a uma memória coletiva, combinando teologia e baixa auto-estima. Talvez tenhamos medo de que Deus (ou, no passado, quando tudo começou, os deuses) possa nos punir se tudo estiver indo bem demais. No maravilhoso romance de Pearl Buck *A boa terra*, o herói Wang Lung é um camponês chinês cujo maior desejo é ter um filho. Enquanto os varões eram altamente valorizados na antiga China, as filhas eram consideradas um estorvo, pois precisavam ser alimentadas e vestidas até se casarem. Meninos traziam riqueza; meninas representavam despesas.

Para sua grande alegria, a mulher de Wang Lung dá à luz um menino. Quando o casal sai às ruas, cobre o recém-nascido com panos para que os deuses não o vejam. Eles dizem: "É apenas um escravo, não um menino." Têm medo de que os deuses levem seu filho por não merecerem essa graça.

Por conta de nossa baixa auto-estima e insegurança ou por termos desenvolvido expectativas de que "as coisas boas não duram", acreditamos que Deus, o universo ou seja lá o nome que você escolher está esperando para nos punir, se tudo for bem demais. Se você pensa assim, respeito sua crença. Para mim, as frases "Deus é amor" e "Deus está esperando para acabar com sua festa" não combinam. O medo da punição divina nos leva a acreditar que não é bom falar que as coisas andam bem, que isso pode fazer tudo desandar. Na realidade, o que acontece é o oposto, pois nossas palavras temerosas invocam coisas que não desejamos.

Quando você resmunga e reclama do que acontece, acaba colhendo mais problemas. A boa notícia é que você já está aprendendo a identificar o que diz e a medir suas palavras, ou mesmo a reformular seus comentários, de maneira a não reclamar. Está começando a fazer a mudança. Está entrando na fase da Competência Consciente.

PARTE 3

Competência Consciente

CAPÍTULO 5

O silêncio e a linguagem da reclamação

"Quem usa a expressão 'fácil como tirar doce de uma criança' nunca tentou tirar um doce de uma criança."

AUTOR DESCONHECIDO

O estágio de Competência Consciente é de hipersensibilidade. Você começa a ter consciência de tudo o que está dizendo. Muda sua pulseira, aliança ou relógio de posição com bem menos freqüência, pois toma cuidado com suas palavras. Emprega termos mais positivos, porque começou a pensar no que vai dizer antes de abrir a boca. A ferramenta que você usa para se monitorar deixou de ser um indicador de quanto você reclama e passou a ser um filtro pelo qual suas palavras passam antes de serem proferidas.

Uma família que tinha aceitado o desafio Sem Reclamações relatou que durante a fase da Competência Consciente seus membros ficavam sentados à mesa do jantar sem ter muito o que dizer. Havia períodos de prolongado silêncio.

E essa atitude é típica de uma pessoa ou família que está nesse estágio do processo de se tornar livre de queixas e resmungos. Você começa a colocar em prática o velho conselho da sua mãe: "Se não consegue dizer alguma coisa boa, é melhor não abrir a boca."

No estágio de Competência Consciente, uma das melhores coisas que se pode fazer é respirar fundo em vez de falar algo que possa gerar arrependimentos. Reclamar é um hábito e parar um momento para respirar dá uma chance de selecionar suas palavras mais cuidadosamente.

O silêncio nos dá oportunidade de expressar nosso lado mais elevado, em lugar de nosso lado mais humano. É uma ponte para o Infinito e ainda assim é algo que causa incômodo a muita gente. Lembro-me de estar na nossa casa na beira do lago, na adolescência, e remar até uma ilhota a uns 1.500 metros de distância, para acampar sozinho. O silêncio me dava a chance de restabelecer o contato comigo mesmo. Certa vez, enquanto eu partia para um desses acampamentos, ouvi meu pai gritando da margem:

– Will?

– Sim, senhor?

– Aonde você está indo?

– Vou acampar em Count's Island.

– Sozinho?

– Sim, senhor.

Depois de um momento de pausa, ele perguntou.

– Quer uma televisão a bateria para levar com você?

– Não, senhor... Muito obrigado.

– Um aparelho de rádio?

– Não, obrigado.

Vou sempre me lembrar da forma como meu pai sacudiu os ombros, virou-se e voltou para casa. Amo meu pai, mas ele não é exatamente partidário do silêncio. Chega a dormir com um aparelho de TV gigante ligado no volume máximo aos pés da cama.

Se você é uma pessoa que gosta de rezar, a Competência Consciente é uma boa época para aprofundar suas orações. Você chegou a um ponto em que não deseja mais mudar sua ferramenta de monitoramento de posição e pode ser que queira fazer uma breve oração antes de falar. Peça orientação para que as palavras que saiam de sua boca sejam construtivas, e não destrutivas. E, se não tiver nada a dizer, permaneça em silêncio. Na época em que eu vendia publicidade em estações de rádio, trabalhei com um homem que quase não falava. Depois de conhecê-lo melhor, perguntei por que agia dessa forma. Ele respondeu: "Assim as pessoas acham que sou mais esperto do que realmente sou." Se você não disser nada, pelo menos pode levar o crédito de ser esperto. Quando tagarelamos, não parecemos inteligentes. Damos a impressão de não estarmos confortáveis na nossa pele a ponto de ficar em silêncio nem mesmo por um momento.

Uma das maneiras de saber que encontramos uma pessoa realmente especial é o tempo que podemos ficar com ela sem precisar dizer nada. Jogar conversa fora não melhora o convívio com as pessoas. Na verdade, torna nosso tempo com elas menos precioso. Falar demais transmite a mensagem de que você não se sente confortável consigo mesmo.

O silêncio permite que você reflita e escolha cuidadosamente suas palavras. Oferece condições para falar das coisas em que deseja usar sua energia criativa, em vez de deixar que o desconforto provoque uma torrente de lamentações.

Mencionei antes que as palavras usadas para reclamar costumam ser as mesmas que usamos sem intenção de nos queixarmos. É a intenção, a energia por trás delas, que determinará se você está reclamando ou não. Preste atenção na freqüência com que você costuma repetir as seguintes expressões:

- "Tinha que ser assim" ou "Não podia ser de outro jeito"
- "Que sorte a minha"
- "Isso sempre acontece comigo"

Quando algo de errado acontece e você exclama "Tinha que ser assim", está emitindo a mensagem de que está propenso a coisas ruins. O universo ouve e manda mais.

Consigo me lembrar da primeira vez que decidi observar cuidadosamente tudo aquilo que eu dizia, sabendo que as palavras eram reflexo de meus pensamentos – e que os pensamentos criam a realidade. Estava dirigindo a caminhonete de minha mulher, um veículo com 20 anos de estrada, para transportar algumas coisas que eu tinha guardado num armazém. A velha F-150 de Gail tinha uma vasta quilometragem percorrida com o motor original e fazia 7,5km por litro – de óleo de motor! Tínhamos que colocar óleo constantemente, por isso mantínhamos algumas latas na parte de trás do carro, para utilizar sempre que necessário.

Antes de partir nessa viagem de mais de 160km, certifiquei-me de que o compartimento de óleo estava cheio e convidei meu cão Gibson a entrar na cabine e me fazer companhia. Levei várias horas para realizar o percurso entre nossa casa, em Aynor, na Carolina do Sul, até o armazém em Manning, onde carreguei a caminhonete. Na volta, decidi pegar um atalho e segui na direção de Greeleyville. Já tinha morado em Manning e conhecia bem o caminho para lá. Na verdade, nos fins de semana eu costumava ir de bicicleta até Greeleyville e voltar, só pelo exercício. São uns 21km, com pouco tráfego.

Quando o sol começou a se pôr, a luz vermelha de alerta do motor se acendeu. Minha reação habitual seria dizer "Essa não! Estou numa encrenca!" Mas eu me virei para Gibson e disse: "Tudo vai dar certo." Por dentro, achei que estava ficando um pouco maluco. Como disse, conheço esse trecho muito bem. Em 21km, não há mais do que uma dúzia de casas, e eu não estava com meu celular.

A caminhonete estalava e tossia, mas foi em frente por mais 1km antes que o motor morresse. "Tudo vai dar certo", eu disse, tentando fazer as palavras soarem como se eu realmente acreditasse nelas. A caminhonete começou a perder velocidade e finalmente parou bem na porta de uma das poucas casas daquele trecho da estrada. "Claro que tinha que ser assim", exclamei, celebrando o momento e ainda impressionado com a minha sorte. "Talvez haja gente em casa, e pode ser que me deixem usar o telefone." Pensei: "Vou chamar Gail, e ela virá me pegar." Então me lembrei do veículo carregado com meus pertences. "Preferia poder dirigir de volta para casa esta noite, sem ter que deixar minhas coisas na beira da estrada. Não sei se isso vai funcionar, mas prefiro acreditar que vai dar certo."

Não esqueçam que essa não costumava ser a minha forma habitual de lidar com acontecimentos como esse. No passado, muito provavelmente eu teria saído do veículo e feito coisas muito úteis como xingar e chutar os pneus. Em vez disso, fechei os olhos e mentalizei Gibson e eu chegando em casa. Absorvi intensamente aquela imagem, antes de caminhar até à porta da casa e tocar a campainha.

Quando ouvi movimento de pessoas dentro da casa, disse novamente: "Tinha que ser assim!" Um homem abriu a porta e se apresentou. Depois que expliquei que minha caminhonete tinha quebrado e perguntei se poderia usar o telefone, ele forçou a vista na escuridão tentando ver onde o veículo estava estacionado e perguntou:

– Que tipo de caminhonete você está dirigindo?

– Ford.

Ele sorriu e disse:

– Sou gerente de serviços de uma revenda de utilitários da Ford. Deixe eu pegar a caixa de ferramentas e dar uma olhada.

– Só podia ser assim! – exclamei enquanto ele buscava as ferramentas. Estava dando certo.

Segurei uma lanterna enquanto meu mais novo amigo trabalhava sob o capô, por uns 15 minutos. Finalmente, virou-se e falou:

– Há alguma coisa errada com o sistema de combustível. Você precisa de uma pequena peça que custa 1 ou 2 dólares, mas que eu não tenho aqui em casa. É um problema de tubulação, mais do que um problema mecânico.

– Tudo bem – respondi. – Talvez eu possa usar o seu telefone, então?

– Bem – prosseguiu ele. – Você tem um problema de tubulação, e meu pai, que mora em Kentucky e está aqui em casa fazendo uma visita, é bombeiro. Vou chamá-lo.

Esfreguei as dobrinhas do pescoço de Gibson, dei um sorriso largo e disse: "Tinha que ser assim." Minutos mais tarde, o pai diagnosticou o problema.

– Você precisa de um tubo com mais ou menos 10cm de comprimento e 1cm de largura – explicou.

– Como esse aqui? – perguntou o filho, sacando um tubo com exatamente aquelas medidas de dentro da caixa de ferramentas.

– É isso aí! – disse o pai. – Onde achou isso?

– Não sei de onde veio – respondeu o filho. – Apareceu na minha bancada de trabalho há um mês e pouco, e guardei na caixa de ferramentas para o caso de um dia vir a precisar.

"Não podia ser de outro jeito!"

Minutos depois, eu e Gibson estávamos de volta à estrada. "Que experiência!", comentei com Gibson. Tudo tinha funcionado. Naquele momento, o alerta de óleo acendeu. Tínhamos passado tanto tempo parados que o óleo vazara e estava em nível perigosamente baixo. Sem ver sinal de outra casa em lugar algum, comecei a ficar preocupado, mas dei um basta nisso dizendo bem alto: "Deu certo uma vez. Vai dar certo de novo!" Enquanto dirigia, revi aquela imagem em que eu e Gibson chegávamos em casa em segurança, ainda naquela noite.

Entrei em Greeleyville. Parei no único posto de gasolina da cidade. O dono estava fechando a porta, pronto para ir para casa.

– Posso ajudar? – perguntou.

– Preciso de óleo – disse.

Ele tornou a ligar as luzes do posto e falou:

– Então eu tenho o que você precisa.

Enfiei minhas mãos nos bolsos da calça e tirei todo o dinheiro que tinha. Da forma como a caminhonete estava vazando óleo, eu sabia que precisaria de umas quatro latas de 1 litro para chegar em casa, e tudo o que eu tinha eram 4 dólares e 50 centavos. Peguei duas latas, que era o que podia pagar, e as coloquei no balcão.

– Você viu aquela outra marca? – perguntou-me o dono do posto.

– Não – respondi.

Ele se dirigiu às prateleiras e eu o segui.

– Aquela ali. É uma boa marca, até melhor, eu acho, do que a que você escolheu, mas não vou mais vendê-la, por isso está em liquidação por metade do preço.

Tentando não demonstrar meu entusiasmo, peguei quatro latas e as carreguei até o balcão. Às 23h17 daquela mesma noite, eu e Gibson chegamos em casa.

"Só podia ser assim!"

Uma das perguntas que costumam me fazer é: "Mas será que não é necessário reclamar para conseguir aquilo que se deseja?" É mais fácil conseguir o que você deseja expressando a sua vontade, em vez de reclamar da maneira como as coisas são. Dois ou três dias atrás, meu celular tocou e o identificador de chamadas indicou "Número confidencial". Eu estava ocupado e não respondi. A pessoa também não deixou recado. De uma em uma hora, voltei a receber ligações do tal número confidencial, sem recados. Finalmente atendi e ouvi uma mensagem gravada da companhia de telefonia celular: "Esta é uma mensagem importante para Mary Johnson... Se você for Mary, aperte o 1. Se não for, aperte o 3.

Apertei o 3, imaginando que a companhia perceberia que a ligação tinha sido feita para o assinante errado e que aqueles telefonemas teriam fim. Mas não foi o que aconteceu. De hora em hora, o telefone tocava e eu recebia a mesma simpática mensagem computadorizada. Apertava o 3 seguidas vezes, mas as chamadas continuavam.

As pessoas erram. Eu sei que erro. E as empresas não são nada além de um grande grupo de pessoas, fazendo o melhor que conseguem. Assim, depois de alguns dias de telefonemas de hora em hora, disquei para a empresa de telefonia celular, expliquei a situação e eles me garantiram que as ligações seriam interrompidas. Elas continuaram.

Antes de completar os 21 dias Sem reclamações, eu provavelmente teria ligado para a empresa novamente e pedido para falar com um supervisor e descontado tudo em cima daquela pobre alma. Mais do que isso, teria contado para todo mundo aquele aborrecimento terrível e resmungado que eu não merecia ser tão incomodado.

Em vez de agir assim, liguei de novo e falei com a pessoa no atendimento:

– Sei que erros acontecem e que não é culpa sua. Gostaria muito de não tornar a receber essas chamadas da sua empresa e quero colaborar com você para resolvermos esse desafio juntos.

Em 10 minutos, ela encontrou o problema (alguém tinha registrado o meu número como sendo de outra pessoa), e as chamadas cessaram.

Consegui o resultado que desejava sem precisar aumentar minha pressão sanguínea nem ficar zangado. Também não envolvi meus amigos, colaboradores e familiares no problema, fazendo queixas e lamúrias. Procurei alguém que poderia me ajudar, expliquei o que queria e mantive o foco.

Você tem o direito de conseguir o que deseja. Para isso, não fale nem se concentre no problema. Olhe além do problema. Visualize a solução. Fale apenas sobre o que deseja e com quem possa ajudá-lo a conseguir o que quer. Assim, você diminuirá o tempo de espera necessário para obter o que quer e, de quebra, será uma pessoa mais feliz.

"Mas todas as conquistas importantes começaram com um grupo de pessoas reclamando... Pense em Thomas Jefferson e Martin Luther King!", dizia um e-mail que recebi outro dia.

Percebi que, de certa forma, concordava com a autora da mensagem. O primeiro passo na direção do progresso é a insatisfação. Mas, se permanecermos insatisfeitos, nunca avançaremos em direção a um cenário mais promissor. E aqueles que reclamam habitualmente estabelecem como destino o mesmo porto infeliz de onde partiram. Nossa concentração deve residir naquilo que desejamos, e não naquilo que não queremos. Reclamar é se concentrar no que não queremos.

Será que os grandes líderes dos Estados Unidos não passavam de resmungões? Eu diria que não. Eles permitiram que a insatisfação os guiasse a grandes visões, e a paixão por essas visões inspirou seus seguidores. O foco incansável num futuro brilhante acelerou o coração coletivo da nação. Sua forma de moldar nossa consciência enquanto país, ou melhor, a maneira como transformaram nosso futuro, foi resumida magistralmente por Robert Kennedy: "Existem aqueles que vêem as coisas do jeito que são e se perguntam por quê. Sonho com coisas que nunca aconteceram e me pergunto por que não."

Em 28 de agosto de 1963, o reverendo Martin Luther King Jr. não subiu os degraus do Lincoln Memorial para dizer "Não é horrível a forma como somos tratados?" Não. Ele disse palavras que ressoaram por toda a nação e que ainda emocionam quem as ouve, quase meio século depois. Ele declarou: "Eu tenho um sonho!" Martin Luther King criou em nossa mente um retrato vibrante de um mundo sem racismo. Ele estivera "no alto da montanha", e suas palavras poderosas e inspiradoras nos conduziram até lá também.

Na Declaração de Independência, Thomas Jefferson relatou claramente as dificuldades que os colonos vinham enfrentando sob o governo do Império Britânico. Entretanto, o documento assinado em 4 de julho de 1776 não era uma coleção de resmungos. Se fosse, talvez jamais tivesse capturado a imaginação do mundo inteiro, ou conquistado apoio de outros países e unificado as colônias.

O primeiro parágrafo da Declaração de Independência dos Estados Unidos estabelece:

> "Quando, no curso dos acontecimentos humanos, se torna necessário a um povo dissolver os laços políticos que o ligavam a outro, e assumir, entre os poderes da Terra, posição igual e separada, a que lhe dão direito as leis da natureza e as do Deus da natureza..."

Por um momento, imagine que você é habitante de uma das 13 colônias tentando absorver essa mensagem: "... *posição igual e separada, a que lhe dão direito as leis da natureza e as do Deus da natureza.*" Na época em que Jefferson escreveu essas palavras, a Inglaterra era a maior superpotência do mundo; ainda assim, ele estabelece sem hipérboles que essas colônias recentes e diversas eram "iguais" àquele gigante político. Deve ter dado para ouvir a exclamação coletiva de surpresa dos colonos e a subseqüente onda de orgulho e entusiasmo. Como poderiam ousar aspirar a um ideal tão elevado quanto se equiparar à Inglaterra? Porque "*lhe dão direito as leis da natureza e as do Deus da nature-*

za". Isso não era reclamar. Era uma visão envolvente de um futuro melhor. O foco estava além do problema.

Rosa Parks não se sentou no fundo do ônibus nem ficou reclamando que era uma injustiça ter que ficar ali. A senhora Parks se sentou onde era seu direito, junto com todo mundo, independentemente da cor da pele. Ela não apenas enxergou além do problema, como viveu a solução.

Em toda a minha vida, tenho ouvido falar em "conversas de paz" relativas ao Oriente Médio. Mas elas me parecem mais "conversas de guerra" ou do tipo "Se você parar de fazer isso, eu paro de fazer aquilo". O tema central dessas "conversas" são sempre as "diferenças", por isso o progresso alcançado tem sido mínimo.

O que aconteceria se nessas "conversas de paz" os líderes se reunissem para falar de como será o mundo quando não houver mais desarmonia entre eles? O que aconteceria se eles se unissem para construir um sonho coletivo de convivência pacífica e compreensão mútua?

Quando essas verdadeiras "conversas de paz" acontecerem, as regras serão simples. Em vez de se falar sobre o que está acontecendo no presente ou sobre o que ocorreu no passado, o foco deverá permanecer exclusivamente no que acontecerá quando não houver mais desavenças entre as partes. "Como a paz irá parecer, soar, cheirar? Como será no dia em que a guerra e os conflitos forem uma lembrança tão distante que será preciso até consultar os livros de História, porque ninguém mais se lembrará desse tempo?"

O foco das conversas será o objetivo final – a paz. Só isso. Nesses encontros, uma palavra não poderá ser proferida: "como". A pergunta "Como faremos para chegar a esse resultado?" será banida no início da sessão. Se as duas partes envolvidas tentarem adivinhar o caminho para uma existência harmoniosa, discutindo questões de fronteiras geográficas, indenizações, desarmamento, limitação de armas, diferenças culturais e religiosas e perspectivas opostas de todos os tipos, colocarão o foco mais uma vez em questões atuais. E continuarão discutindo esses problemas.

Abraham Lincoln disse uma vez: "A melhor maneira de destruir um inimigo é tornando-se seu amigo!" O primeiro passo para tal transição começa em nossa cabeça. E nossas palavras revelam ao mundo o que pensamos.

Enquanto você atravessa essa fase da sua transformação, pode usar termos como "Tinha que ser assim", "Eu sabia", "Que sorte a minha!" e "Isso sempre acontece comigo", mas apenas quando perceber que alguma coisa boa aconteceu, como uma forma de agradecimento.

Tenho um amigo que sempre repete: "Sou o cara mais sortudo do mundo. Nada dá errado para mim!" Ele tem uma mulher incrível, uma linda família, é dono de um negócio bem-sucedido, tornou-se multimilionário aos 30 anos e goza de uma excelente saúde. Você poderia até dizer que ele é sortudo, e ele concordaria. Mas eu diria que é a sua crença em ser um cara de sorte que o torna tão afortunado. Então por que não tentar o que funcionou para ele? Quando alguma coisa der certo para você, mesmo que seja insignificante, diga: "Como era de se esperar!"

Nossas palavras são poderosas. E, quando mudamos o que dizemos, começamos a mudar nossa vida. Há cerca de um ano, eu estava dirigindo na estrada interestadual pela pista da esquerda, andando um pouco acima do limite de velocidade, mas tive que reduzir porque uma minivan na minha frente estava uns 15km abaixo do limite. Minha mente começou a fazer queixas: "Se é para andar abaixo do limite de velocidade, por que ele não fica na pista da direita e deixa os outros passarem?" Dias depois, voltei a me encontrar na mesma situação, atrás de outro motorista cauteloso que andava na pista da esquerda a uma velocidade bem inferior ao limite permitido. Percebi que o motorista guiava uma minivan, e dessa vez desabafei em voz alta que achava aquilo uma falta de consideração.

Dias depois, quando eu estava no carro com Gail e Lia, fui novamente forçado a reduzir a velocidade na pista da esquerda por causa de um motorista que andava bem abaixo do limite. Você adivinhou. Era uma minivan. Dividi a minha irritação com a família. Nas semanas seguintes, a situação se repetiu várias vezes, e sempre com uma minivan. Comecei a perceber que as minivans enfeitadas com certos plásticos e adesivos eram justamente as piores. Virou uma implicância pessoal, e eu costumava falar sobre isso com todo mundo. Fingia achar engraçado, fazia comentários espirituosos, mas o incidente estava se repetindo com uma freqüência cada vez maior, e eu chegara à conclusão de que "motoristas de minivans são grosseiros e impedem o fluxo do trânsito". Como acreditava nisso, a sentença se cumpria quase todas as vezes que eu dirigia.

Procurei refazer essa observação e pensei nos carros de segurança das corridas da Nascar, maior associação automobilística americana. Sempre que acontece um acidente ou há algum risco durante uma corrida, um carro de segurança entra na pista para diminuir a velocidade de todos os outros. Os corredores precisam permanecer atrás desse veículo até que o perigo passe e a pista fique segura. "E se as minivans forem os carros de segurança da estrada interestadual?", imaginei. Talvez elas estejam ali para que eu diminua a velocidade e evite uma multa ou, pior ainda, um acidente. Desde então, toda vez que me deparei com uma minivan lenta, passei a agradecer a sua presença e a me referir a ela como "veículo de segurança".

O mais interessante é que, à medida que comecei a apreciar o fato de que as minivans me forçavam a diminuir a velocidade, deixei de ficar atrás delas. Hoje em dia, é extremamente raro que eu encontre uma minivan no meu caminho. Porém, quando acontece, sempre agradeço a sua presença.

Ao mudar minha maneira de pensar, as minivans se tornaram um presente, não um obstáculo. Se você começar a chamar as pessoas e os acontecimentos de sua vida com nomes que estimulam a energia positiva, descobrirá que eles deixam de incomodá-lo e podem se tornar um belo incentivo. Mude as palavras que você emprega e observe sua vida mudar. Por exemplo:

Em vez de...	*Experimente*
Problema	Oportunidade
Tem que	Vamos
Dificuldade	Desafio
Inimigo	Amigo
Chato e exigente	Professor
Dor	Sinal
Eu exijo	Eu gostaria
Reclamação	Pedido
Você fez isso	Eu criei isso

Experimente. No início pode parecer meio esquisito, mas observe como a sua atitude muda em relação às pessoas e situações. E, à medida que você mudar sua linguagem, verá que as situações também se alterarão.

Você pode criar a vida que deseja. Cresci acreditando que, ao morrer, se formos bem-aventurados, iremos para o céu. Um dia, ao ler a Bíblia, fiquei impressionado com o comentário de Jesus de que "o Reino de Deus está próximo". Comecei a pensar: "Talvez eu já tenha morrido, e isso aqui *seja* o Paraíso." Enquanto refletia sobre o assunto, lembrei as palavras de John Milton: "A mente é o seu próprio lugar e dentro dela pode transformar o Paraíso em Inferno e o Inferno em Paraíso." Talvez isso aqui seja o céu, ou pelo menos posso me esforçar para que seja.

Algumas pessoas costumam responder com sarcasmo quando perguntamos como elas estão: "Mais um dia no Paraíso." Decidi adotar essa frase como minha genuína resposta à pergunta. "É mais um dia no Paraíso", costumo dizer, sem ironia, aos que querem saber como vai minha vida. No início foi um tanto desconfortável, mas agora já se tornou quase automático. Percebi que esse comentário faz as pessoas abrirem um sorriso e me lembra de que posso escolher, a cada momento, entre estar feliz ou triste, entre estar no Paraíso ou no Inferno.

Você pode escolher as palavras que utiliza para criar a vida que deseja.

Escolha com sabedoria.

CAPÍTULO 6

Críticos e admiradores

"É mais fácil desenvolver a capacidade de criticar do que qualquer outra habilidade."

ZEUXIS

Crítica é a reclamação com arestas afiadas. Geralmente é dirigida a alguém com a intenção de diminuir essa pessoa. Alguns acreditam que criticar é uma forma eficiente de mudar o comportamento do outro. Entretanto, costuma surtir o efeito contrário.

Mencionei no início do livro que eu e minha família moramos algum tempo atrás numa casa que ficava na curva de uma estrada – onde, lamentavelmente, nossa cadela Ginger foi atropelada. Como logo depois da curva o limite de velocidade subia de 45 para 80km/h, as pessoas costumavam passar bem rápido diante da nossa casa. Fiquei incomodado com isso, especialmente depois da morte de Ginger.

Muitas vezes, quando eu estava no jardim cortando a grama, via os automóveis voando baixo pela estrada. Eu gritava com os motoristas para que diminuíssem a velocidade. Às vezes, também sacudia os braços para tentar fazer com que andassem mais devagar. Para minha crescente irritação, descobri que eles raramente reduziam a velocidade e até evitavam olhar na minha direção. Um dos piores infratores era a motorista de um carro esporte amarelo. Não importava quanto eu berrasse ou agitasse freneticamente meus braços, a moça continuava a dirigir a toda a velocidade.

Um dia, eu aparava o gramado e Gail plantava flores no quintal quando percebi que o carro amarelo aparecia, rápido como de costume. Não fiz nada, pois senti que qualquer gesto seria inútil. Quando a jovem estava bem na frente da minha casa, vi a luz do freio se acender e percebi que ela tinha reduzido a velocidade. Fiquei estarrecido. Era a primeira vez que o carro esporte não passava zunindo pela rua. Também estranhei que a jovem ao volante, normalmente mal-humorada, estivesse sorrindo. Curioso, desliguei o cortador de grama e perguntei a Gail o que teria acontecido para que a mulher reduzisse a velocidade. Sem levantar os olhos, ela disse:

– Foi fácil. Só precisei sorrir e acenar.

– O quê? – espantei-me.

– Eu sorri e acenei para ela, como se fôssemos velhas amigas. Ela devolveu o sorriso e diminuiu a velocidade – respondeu Gail.

Por meses a fio eu tinha tentado fazer com que a jovem diminuísse a velocidade sendo crítico. Queria lhe mostrar que estava errada ao dirigir daquela maneira. Gail, por sua vez, a tratou com gentileza e obteve uma resposta gentil. Ao pensar sobre o assunto, concluí que fazia sentido. A motorista não poderia ter ouvido minhas reclamações com o barulho do cortador de grama atrapalhando e, provavelmente, meus gestos me faziam parecer um bobo. Para ela, eu era um sujeito zangado com um cortador de grama. Não era de se espantar que quisesse evitar o contato visual e procurasse passar por ali o mais rápido possível. Por outro lado, Gail foi vista como a simpática senhora da vizinhança que a cumprimentava como se fosse sua amiga. Eu fui crítico, enquanto Gail a tratou com consideração. Depois desse episódio nunca mais vi o carro esporte amarelo bater recordes de velocidade na porta da minha casa. Toda vez que a jovem passava por ali, diminuía a velocidade e só voltava a acelerar ao se afastar da nossa vizinhança.

Ninguém gosta de ser censurado. E o criticismo, muitas vezes, provoca o efeito oposto ao esperado: em vez de reprimir o comportamento indesejado, pode servir para reforçá-lo. Criticar significa encontrar defeito em alguém ou alguma coisa. E, quando uma pessoa é alvo de críticas, ela sente necessidade de justificar seu comportamento. As justificativas surgem quando uma pessoa se sente injustiçada e quer se defender da melhor forma possível. Por isso, quando eu berrava com a jovem motorista, ela continuava a acelerar para demonstrar seu direito de fazê-lo. Havia uma forma mais eficiente e amorosa de conseguir que ela dirigisse devagar, como Gail demonstrou.

Grandes líderes sabem que as pessoas reagem melhor aos elogios do que às críticas. O elogio inspira a pessoa a se superar, como forma de obter mais elogios. A crítica é capaz de destruir um indivíduo e, quando o degradamos, estamos implicitamente lhe dando permissão para continuar a agir de forma semelhante no futuro. Se chamamos uma pessoa de preguiçosa, por exemplo, ela aceita isso como realidade quando está se relacionando conosco. Assim recebe uma permissão silenciosa para agir de maneira compatível com o rótulo "preguiçosa", e seu comportamento se repete.

A primeira necessidade que todos temos é de sermos reconhecidos e valorizados, de sentirmos que somos importantes. Mesmo as pessoas introspectivas desejam a atenção dos outros, especialmente daqueles que admiram. Ainda que a atenção seja negativa, como a crítica, a pessoa com freqüência repetirá o comportamento apenas para obter a atenção desejada. Isso raramente é uma manobra consciente. Geralmente fazemos isso sem pensar. Queremos atenção e tentamos obtê-la de qualquer maneira. E, se somos criticados, tentamos nos ajustar para cumprir as expectativas de quem critica.

A atenção comanda o comportamento. Por mais que pareça que é o contrário, não é verdade. Quando criticamos alguém, estamos pedindo que ocorram novas demonstrações daquilo que nos desagrada. Isso acontece com seu cônjuge, seus filhos, funcionários e amigos. Na peça *Pigmalião*, de George Bernard Shaw, Eliza Doolittle explica esse fenômeno para o Coronel Pickering. "Sabe? No fundo, no fundo, além das coisas que qualquer um pode aprender – como se vestir, falar de forma adequada e assim por diante –, a diferença entre uma dama e uma florista não está no seu comportamento, mas na maneira como ela costuma ser tratada. Sempre serei uma florista para o Professor Higgins, porque ele me trata como uma florista e sempre me tratará assim. Mas sei que posso ser uma dama para você, porque você me trata como uma dama e sempre me tratará."

Temos muito mais poderes para criar a nossa vida do que percebemos. Nossos pensamentos sobre as pessoas determinam a maneira como elas se apresentarão diante de nós e como nos relacionaremos com elas. Nossas palavras revelam nossas expectativas sobre o outro e seu comportamento. Se nosso discurso for recheado de críticas, o comportamento espelhará as expectativas representadas no que dizemos.

Todos nós conhecemos pais que se concentram nas notas ruins do filho, em vez de celebrar as boas. A criança chega em casa com um boletim com quatro notas 10 e um 7 e os pais questionam: "Por que foi que você tirou um 7?" Concentram-se na única nota mediana, em vez de prestarem atenção nas quatro notas excelentes. Há algum tempo nossa filha Lia teve uma queda de desempenho em algumas matérias e, como pais inteligentes, amorosos e prestativos, conversamos sobre suas notas baixas para tentar inspirá-la a melhorar. Para nossa surpresa, ela começou a tirar notas baixas em outras matérias. Gail e eu percebemos que as notas dela não eram nada além disso: as notas "dela". Passamos a elogiar seus sucessos e simplesmente perguntar se ela estava satisfeita com os resultados no boletim. Se Lia dizia que sim, mesmo se as notas fossem aquém daquelas que acreditávamos que ela deveria conquistar, deixávamos o assunto para lá. Logo as notas voltaram a aumentar e há vários anos ela só volta para casa com a nota máxima.

"Meu trabalho é reclamar e ser crítico." Já ouvi essa frase sair da boca de muita gente dos meios de comunicação, e isso me entristece. Sou formado em Jornalismo e aprendi que o trabalho do repórter é relatar os fatos, explicar o que acontece. Entretanto, alguns profissionais da imprensa pensam que seu trabalho é destruir os outros. Fazem isso para garantir a venda dos jornais ou a audiência dos noticiários de TV. É importante estarmos informados, mas não sermos manipulados. E a crítica é utilizada com freqüência para derrubar alguém.

Não estou dizendo que não devamos ler críticas de filmes, livros e teatro. Um bom crítico (prefiro dizer resenhista) pode nos poupar tempo e dinheiro ao informar se vale a pena ler um livro, ver um filme ou uma peça. Na realidade, me identifico bastante com um resenhista de cinema que costuma gostar dos mesmos filmes que eu, e considero suas opiniões valiosas. Ao ler a matéria sobre determinado filme, acho fácil descobrir se o autor é um crítico ou um resenhista. Outro dia li uma crítica que se perdia em meio a palavras difíceis e referências esotéricas a outros filmes que de nada serviam para o entendimento do filme em questão. O único objetivo do texto parecia ser chamar a atenção para as qualidades do seu autor: "Veja como sou inteligente!"

Como a reclamação, a crítica pode ser uma forma de se gabar, de dizer: "Meus gostos são tão refinados que o que você me oferece não está à minha altura." Você viu o filme *Hitch – Conselheiro amoroso*? Nele, o personagem de Kevin James está saindo com uma jovem herdeira que vive cercada de esnobes. Numa festa, a conversa gira em torno de restaurantes, filmes, peças e vernissages, todos considerados "horríveis" por dois jovens. A mensagem por trás do que estão dizendo é "Nada disso está à nossa altura porque somos muito sofisticados".

Ouça cuidadosamente as suas palavras durante a fase da Competência Consciente e controle seu criticismo. Lembre-se de que perpetuará aquilo que critica. Quando estava nessa etapa, eu a chamava de fase "Não quero trocar minha pulseira de posição". Abria a boca para falar e, ao perceber o esboço de uma crítica se formar na minha mente, limitava-me a dizer: "Não quero trocar minha pulseira de posição." Experimente, quando estiver a ponto de dizer em voz alta o que não deveria, falar simplesmente: "Não quero trocar minha pulseira de posição."

Outra medida saudável é procurar um Companheiro Sem Reclamações. Encontre alguém que também esteja participando do desafio para vocês se ajudarem. Nota: você *não* deve vigiar seu companheiro como um falcão, para ver se ele reclama, critica ou fala mal da vida alheia. Nem chamar a atenção dele ao vê-lo reclamar. Se o fizer, estará reclamando também e deverá mudar sua pulseira, elástico ou aliança de posição. Essa será a pessoa com quem você poderá compartilhar sucessos e que lhe dará coragem para continuar, mesmo se precisar começar tudo de novo. Encontre alguém que possa ajudá-lo a encarar a vida de maneira positiva, que possa ser a sua "patrulha abençoada", estimulando-o a buscar o lado bom em todas as situações. Você precisa de alguém que o encoraje quando estiver tentado a desistir – e que deseje o seu sucesso.

Há oito anos, conheci um homem que ajudou uma pessoa amada a mudar sua maneira de pensar diante de uma situação trágica. Tudo começou quando vi uma placa à beira da estrada.

A placa era feita de papelão grampeado numa ripa de madeira. Avistei-a quando me preparava para atravessar a ponte sobre o rio Waccamaw, nas imediações de Conway, Carolina do Sul. Bem ali, em meio ao lixo e aos formigueiros, ela fazia um convite:

BUZINE SE ESTIVER FELIZ

Balancei a cabeça diante da ingenuidade de quem escrevera aquilo e continuei a dirigir – sem buzinar.

Falei com meus botões: "Que baboseira! Feliz? O que é estar feliz?" Nunca soube o que era ser feliz. Sabia o que era prazer. Mas, mesmo em meus momentos de maior prazer e satisfação, me pegava imaginando quando alguma coisa ruim ia acontecer para me trazer de volta à realidade. "A felicidade é uma fraude", eu pensava. A vida é dolorosa e cheia de desafios, e quando as coisas estão bem há sempre algo na próxima esquina que vai tirá-lo da "fantasia de felicidade" bem depressa. "Talvez a gente fique feliz depois de morrer", imaginei, mas não estava seguro quanto a isso.

Num domingo, umas duas semanas depois, Gail e Lia (que tinha 2 anos na época) estavam no carro comigo enquanto descíamos a rodovia 544 em direção a Surfside Beach, onde visitaríamos alguns amigos. Estávamos ouvindo canções infantis, cantando, rindo e desfrutando nosso tempo juntos. Ao me aproximar da ponte para atravessar o Waccamaw, vi os dizeres novamente e, sem pensar, buzinei.

– O que foi? – perguntou Gail. – Você viu alguma coisa?

– Nada demais – respondi. – Há um cartaz na beira da estrada que diz "Buzine se estiver feliz". Eu me senti feliz e buzinei.

Aquelas palavras faziam todo o sentido do mundo para Lia. As crianças não têm os conceitos de tempo, responsabilidades, desapontamentos, traições ou quaisquer outras limitações e feridas que os adultos carregam. Para elas, a vida é o agora, e o agora é feito para a felicidade. Quando o momento seguinte chegar, também será feito para a felicidade. Buzine e celebre esse momento feliz.

Mais tarde, voltando para casa, passamos novamente em frente ao cartaz. Gail leu as palavras para Lia e ela gritou: "Buzine, papai, buzine." Àquela altura, minha agradável perspectiva do início do dia havia mudado e eu não pensava mais em ver os amigos e usufruir a companhia da minha família. Tinha começado a pensar em tudo o que esperava por mim no trabalho, no dia seguinte, e a temer o que estava por vir. Eu não estava nada feliz, mas apertei a buzina para satisfazer minha filha.

Nunca esquecerei o que aconteceu em seguida. Bem lá no fundo e por apenas um momento, senti-me mais feliz do que estava segundos antes – como se buzinar tivesse a propriedade de me tornar mais feliz. Talvez fosse algum tipo de reação pavloviana. Talvez ouvir a buzina despertasse em mim alguns dos bons sentimentos que eu tinha da última vez que buzinara.

Daquele momento em diante, não conseguíamos passar naquele trecho da estrada sem que Lia me lembrasse de buzinar. Percebi que cada vez que buzinava meu termostato emocional esquentava. Numa escala de 1 a 10, se eu estivesse me sentindo no 2, quando apertava a buzina meu grau de felicidade subia vários pontos. Comecei a buzinar todas as vezes que passava por ali, mesmo quando estava sozinho no carro.

Um dia, Gail chegou em casa engolindo o riso. Sentindo que deveria ser alguma coisa relacionada a Lia e sem querer embaraçá-la, esperei que fosse brincar no quarto e perguntei a Gail o que era tão engraçado. Ela caiu na gargalhada. Tentando recuperar o fôlego, contou-me o que tinha ocorrido.

– Eu estava dirigindo e conversando com Lia, quando mudei de pista e acidentalmente dei uma fechada em outro veículo. O carro estava num ponto cego e eu não tinha visto. Quase joguei o pobre motorista para fora da estrada.

Gail riu, mas eu não estava achando a menor graça na situação.

– O motorista do outro carro ficou tão furioso que disparou até nos alcançar, fez um gesto obsceno e apertou a buzina.

Pensei que esse assunto não era digno de gargalhadas e que minha esposa não estava em seu juízo perfeito.

– Mas o que é tão engraçado assim? – exigi saber.

– Quando o homem buzinou – continuou Gail, percebendo minha preocupação e procurando se recompor –, Lia apontou para ele e disse: "Olha só, mamãe, ele está feliz!"

Demorou um segundo até que a ficha caísse e eu também tivesse um ataque de risos. Que preciosa perspectiva nos fornece uma criança! Graças às nossas experiências com o cartaz, ela concluíra que, ao buzinar, a pessoa só podia estar feliz.

O sentimento positivo que eu experimentava ao ver a placa e buzinar começou a se aprofundar. O cartaz ficava no acostamento da auto-estrada, próximo a um bosque que separava algumas casas da ponte. Com o passar do tempo, comecei a pensar na pessoa que o colocara ali e por que tinha feito tal coisa.

Nessa época, eu vendia seguros e visitava meus clientes em suas casas. Certo dia fui visitar uma família que morava uns 2km ao norte da rodovia 544. Porém, quando cheguei lá, fui informado de que meu cliente tinha saído. Por um momento, fiquei abatido, mas logo que deixei o condomínio percebi que me encontrava do outro lado da mata que acompanhava a estrada. Enquanto dirigia, calculei o ponto onde eu estava em relação ao cartaz "feliz" e, quando achei que estava próximo, parei na casa em frente.

Era uma casa de apenas um pavimento, cinzenta e pré-fabricada, com ornamentos em vermelho-escuro. Ao subir a escada que levava à porta da frente, notei que tudo era muito simples mas bem cuidado. Fiquei imaginando o que diria se alguém abrisse a porta: "Oi! Vi uma placa na beira da estrada do outro lado desse bosque e queria saber se por acaso o senhor sabe alguma coisa a respeito dela." Ou talvez: "Será que vocês são as pessoas do 'Buzine se estiver feliz'?" Estava sem jeito, mas queria entender a história por trás do cartaz que tinha promovido tamanho impacto na minha forma de pensar e de viver. Quando toquei a campainha, não tive a menor chance de fazer qualquer daquelas perguntas.

– Pode entrar – disse um homem, com um sorriso amplo e caloroso.

Agora eu realmente estava sem jeito.

"Ele deve estar esperando outra pessoa", pensei, "e acha que sou eu." De qualquer maneira, entrei na casa e ele apertou minha mão. Expliquei que costumava passar pela rodovia no trecho próximo à sua residência e que ficara curioso com uma placa com os dizeres "Buzine se estiver feliz". Pelos meus cálculos, o cartaz ficava na altura da casa dele, e eu queria perguntar se por acaso ele sabia alguma coisa a respeito do assunto. Seu sorriso aumentou, e ele me contou que tinha colocado a placa ali mais de um ano antes e que eu não era o primeiro a parar e fazer perguntas.

Enquanto eu ouvia o som da buzina de um carro à distância, ele disse:

– Sou treinador numa escola de ensino médio aqui da região. Minha mulher e eu gostamos de morar aqui, perto da praia. Fomos muito felizes juntos, por muitos anos.

Seus olhos azuis e claros pareciam penetrar nos meus.

– Algum tempo atrás, minha mulher ficou doente. Os médicos disseram que não havia nada a fazer. Eles lhe deram quatro meses de vida, no máximo seis.

Fiquei desconfortável com o breve silêncio que se seguiu, mas ele não se incomodou.

– A princípio, ficamos em estado de choque – prosseguiu. – Em seguida, com raiva. Depois, nos abraçamos e choramos por dias a fio. Finalmente, aceitamos que a vida dela estava chegando ao fim. Ela se preparou para morrer. Colocamos uma cama hospitalar no quarto, e ela ficava ali deitada, no escuro. Nós dois nos sentíamos péssimos. Um dia, eu estava sentado na varanda enquanto ela tentava dormir mas não conseguia por causa da dor. Senti que estava a ponto de me afogar no meu desespero. Meu coração estava dolorido. Mas, sentado ali, eu podia ouvir os carros que passavam pela estrada seguindo em direção à praia.

Seu olhar se desviou para um canto do cômodo por um momento. Então, como se lembrasse que estava no meio de uma conversa com outra pessoa, ele balançou a cabeça e continuou sua história.

–Você sabia que o Grand Strand, a faixa de 90km de praias na costa da Carolina do Sul, é um dos principais destinos turísticos dos Estados Unidos?

– Hum... Sim, eu sabia disso – respondi. – Mais de 13 milhões de turistas por ano visitam as praias dessa região.

– Certo – disse ele. – E há momento mais feliz do que quando se está saindo de férias? Você planeja, economiza e então parte para aproveitar algum tempo com a família. É maravilhoso.

Uma longa buzinada reforçou o ponto aonde ele queria chegar. O treinador pensou por um momento e prosseguiu.

– Enquanto eu estava sentado ali, me veio a idéia de que, embora minha mulher estivesse morrendo, a felicidade não precisava morrer com ela. De fato, a felicidade estava bem à nossa volta, nos milhões de carros que passavam a algumas dezenas de metros de nossa casa diariamente. Por isso, coloquei aquela placa. Não tinha nenhuma expectativa. Queria apenas que as pessoas nos carros não ficassem alheias à felicidade daquele momento. Pois esse momento especial – que nunca será repetido – deve ser saboreado e precisamos ter *consciência* da nossa felicidade.

Várias buzinas, de diferentes veículos, soaram numa rápida sucessão.

– Minha mulher começou a ouvir as buzinas – disse ele. – A princípio eram poucas, uma aqui, outra ali. Ela me perguntou se eu sabia o que estava acontecendo, e lhe contei do cartaz que havia colocado. Com o tempo, o número de carros que buzinava aumentou, e aquilo passou a ser uma espécie de remédio para ela. Ela ouvia as buzinas e encontrava grande conforto em saber que não estava isolada, morrendo num quarto escuro. Ela fazia parte da felicidade geral do mundo.

Permaneci em silêncio por um momento, tentando absorver o que ele tinha partilhado comigo. Que história tocante e inspiradora.

–Você gostaria de conhecê-la? – perguntou.

– Sim – respondi, surpreso. Tínhamos falado tanto de sua mulher que eu começara a pensar nela como uma personagem de uma história rica e maravilhosa, e não como uma pessoa de carne e osso. Enquanto atravessávamos o corredor e nos dirigíamos ao quarto, preparei meu espírito para não parecer chocado diante do triste quadro que me esperava. Mas, ao entrar, me deparei com uma senhora sorridente, que parecia estar fingindo estar doente, em vez de se encontrar de fato à beira da morte.

Do lado de fora, outra buzina ressoou.

– Lá vai a família Harris. É bom ouvi-los de novo. Senti a falta deles – disse ela.

Depois de sermos apresentados, ela explicou que sua vida agora era tão rica quanto antes. Centenas de vezes ao dia e também durante a noite ela ouvia todo tipo de buzina anunciando que existe felicidade no mundo.

– Eles não têm idéia de que estou aqui deitada, ouvindo – falou. – Mas eu os conheço. Cheguei ao ponto de saber quem são pelo som de suas buzinas. – Ela corou e prosseguiu: – Inventei histórias sobre cada um. Imagino o que vão fazer, se vão à praia ou jogar golfe. Se é um dia chuvoso, imagino que vão visitar um aquário ou fazer compras. À noite, imagino que vão ao parque de diversões ou então dançar à luz das estrelas. – Sua voz falhou e ela sussurrou antes de adormecer: – Que vidas felizes... Que vidas mais felizes!

O treinador sorriu para mim, e nós dois nos levantamos e saímos do quarto. Em silêncio, ele me acompanhou até à porta, mas antes de partir uma pergunta veio à minha mente.

– Você me disse que os médicos deram, no máximo, seis meses de vida à sua esposa, certo?

– Certo – respondeu ele com um sorriso, antecipando a pergunta seguinte.

– Mas você falou que ela já estava doente meses antes de você colocar a placa.

– Isso mesmo – respondeu.

– Mas já faz mais de um ano que vejo o cartaz na beira da estrada – falei.

– Exatamente – disse ele, acrescentando: – Por favor, venha nos visitar sempre que quiser.

A placa ficou à mostra por mais um ano inteiro. Então, um dia, desapareceu subitamente. "Ela deve ter morrido", pensei com tristeza, enquanto dirigia. "Pelo menos estava feliz no final e resistiu bem mais do que o esperado. Será que os médicos ficaram surpresos?" Alguns dias depois, voltei a pegar a rodovia 544 em direção à praia e, pela primeira vez, senti tristeza em vez de felicidade, enquanto me aproximava da ponte. Olhei de novo, imaginando que o vento ou a chuva poderiam ter destruído o pequeno cartaz feito à mão. Mas ele realmente não estava mais lá.

De repente, vi algo que elevou o meu espírito. No lugar onde ficava a velha placa de papelão havia agora um novo letreiro, amarelo-brilhante, de 2m de largura por 1,5m de altura, emoldurado por luzes que piscavam. Dos dois lados da placa, em letras enormes e iluminadas, a frase: "Buzine se estiver feliz."

Com lágrimas nos olhos, apertei minha buzina para que o treinador e sua mulher soubessem que eu estava passando. "Lá vai o Will", imaginei ela dizendo, com um sorriso melancólico.

Com o apoio do marido, em vez de se concentrar em sua dura realidade, essa mulher maravilhosa passou a prestar atenção no que havia de bom à sua volta. E assim conseguiu resistir à doença, abraçando a vida e tocando milhões de pessoas.

Você também pode ajudar alguém a mudar de vida dando seu apoio na jornada sem reclamações. Encontre uma pessoa que você possa encorajar e que possa fazer o mesmo por você. Juntos vocês vão chegar lá.

PARTE 4

Competência Inconsciente

CAPÍTULO 7

Mestria

"Faça tudo sem reclamar."

FILIPENSES 2:14

Há diversas espécies de peixes conhecidas como peixe cego das cavernas. A maioria pode ser encontrada nos Estados Unidos, numa região de cavernas calcárias no delta do Mississippi. O peixe cego das cavernas cresce até uns 12cm de comprimento e tem pouca ou nenhuma pigmentação. Além da falta de pigmentação, essas espécies não têm olhos, com exceção de uma. Os cientistas supõem que há muito tempo esses peixes podem ter sido aprisionados em cavidades por causa de deslocamentos de terra ou de correntes, e adotaram as cavernas como seu habitat. Completamente cercados pela escuridão e incapazes de ver, eles se adaptaram ao meio ambiente e prosperaram na absoluta escuridão.

Após gerações e gerações, a pigmentação existente para proteger a pele do sol foi abandonada por ter se tornado desnecessária. Do mesmo modo, as novas gerações começaram a despontar sem olhos. Sem luz alguma e sem habilidade de enxergar, seu corpo se adaptou ao meio e parou de produzir pigmentação e olhos.

Depois de atravessar os meses necessários para se tornar uma pessoa Sem Reclamações, você descobrirá que mudou. Como os peixes cegos, você deixará para trás o que não é mais necessário e perceberá que sua mente não produz mais o dilúvio de pensamentos infelizes com os quais você convivia. Por não dizê-los, você não tem onde colocar esses pensamentos e, assim, a fábrica de reclamações deixa de funcionar. Você fechou a torneira, e o poço secou. Ao mudar suas palavras, reformulou sua maneira de pensar. Isso se transformou agora numa Competência (não reclama) Inconsciente (não percebe). O resultado é que você virou uma pessoa diferente. Uma pessoa mais feliz.

No estágio da Competência Inconsciente, o pós-21 dias sem reclamações, seus pensamentos estão exatamente onde você quer que eles estejam, e você começa a notar que não é o único a se encontrar mais feliz. As pessoas à sua volta também parecem mais felizes. Você está atraindo pessoas alto-astral e sua natureza positiva inspira quem está por perto a atingir patamares mentais e emocionais ainda mais elevados. Parafraseando Gandhi, você se tornou a transformação que gostaria de ver no mundo. Quando alguma coisa dá certo, sua reação automática é "Tinha que ser assim!". E, quando um problema se apresenta, você não gasta energia falando do assunto com ninguém. Em vez disso, começa a procurar pelas bênçãos na situação. E, ao procurar, você encontra.

Você também vai perceber que se sente desconfortável quando alguém começa a se queixar ao seu lado. É como se um cheiro desagradável se infiltrasse no ambiente. Por ter passado tanto tempo evitando a reclamação, ouvir outra pessoa se lamuriando soa como uma profanação do seu silêncio sagrado. Mas você não deixará seu desconforto transparecer – simplesmente observará, sem criticar nem reclamar. Como a pessoa não terá abertura para justificar seu comportamento, o mais provável é que pare rapidamente.

Você se sentirá grato por pequenas coisas – até por aquelas nas quais nem prestava atenção. Ao se tornar um Competente Inconsciente, você passará a encarar a vida com apreciação. Continuará a desejar coisas para si, o que é ótimo. Mas, com sua recém-descoberta energia positiva, poderá fixar na mente a imagem do que deseja, sabendo que, até enquanto fala, o que você sonha se move na sua direção.

Sua situação financeira poderá melhorar também. O dinheiro em si não tem valor. São folhas de papel e moedas que representam valor. Ao começar a valorizar mais a si mesmo e ao mundo em que vive, você vibrará num padrão que atrairá maiores benefícios financeiros. Pessoas vão querer lhe dar coisas pelas quais você costumava pagar. Conheço um homem que recebe uma série de serviços de graça simplesmente porque as pessoas que o atendem gostam dele e desejam demonstrar sua admiração. O mesmo pode acontecer com você. O segredo é se sentir grato por tudo de bom que lhe acontece. Se alguém abrir a porta para você ou oferecer-se para carregar sua sacola de compras, considere uma grande bênção do universo, pois assim estará atraindo outras coisas boas.

Pessoas felizes e positivas são mais agradáveis de se conviver. Agora que você se tornou uma delas terá mais chance de obter um aumento de salário ou de conseguir um emprego mais estável. No trabalho, somos remunerados pela habilidade que demonstramos na execução de determinadas tarefas. Nosso nível de competência costuma ditar em grande parte o valor de nosso salário. Mas uma pessoa que ilumina o ambiente de trabalho com boa vontade e alegria vale seu peso em ouro.

Sua atitude – a expressão de seus pensamentos – influencia o modo como os outros se relacionam com você. Todos nós desejamos estar perto de quem é capaz de transformar o cotidiano em algo extraordinário. E são essas pessoas que têm mais chances de serem promovidas um dia.

Um dos grandes benefícios de parar de reclamar é o impacto que você vai produzir na sua família, tanto no presente quanto no futuro. Para o bem ou para o mal, tendemos a ser um modelo para quem está à nossa volta. Como já vimos, buscamos entrar em sintonia com as outras pessoas, principalmente aquelas que representam autoridade, como nossos pais.

Lembro-me de meu pai na cozinha. Sempre que ele cozinhava, jogava um pano de prato sobre o ombro esquerdo. O pano ficava pendurado ali, para o caso de ele precisar retirar uma travessa do forno ou simplesmente limpar as mãos. Hoje em dia, quando estou na cozinha, também ando com um pano de prato sobre o ombro esquerdo, exatamente como meu pai fazia. Talvez meu pai tenha visto o pai dele fazer a mesma coisa. Tudo o que sei é que aprendi isso com ele. Ele nunca me deu instruções nesse sentido, mas seu comportamento apontou nessa direção. Tenho certeza de que, independentemente das minhas intenções, estou transmitindo lições para Lia o tempo inteiro.

Percebi que, antes de adotarmos o estilo de vida Sem Reclamações, eu estava "ensinando" a Lia que o jantar era o momento de resmungar e falar mal da vida alheia. Eu estava lhe apresentando um modelo de como agir. Sinto-me grato porque agora, à mesa do jantar, só falamos de bênçãos e de visões animadoras. É o que desejo transmitir para minha filha, de modo que ela, por sua vez, também sirva de modelo para seus filhos e, depois deles, seus netos. Desejo que nosso tempo em família seja alegre e feliz – e não desperdiçado com reclamações sobre o que deu errado naquele dia. Estou convencido de que nossa vida está melhor por não estarmos procurando (e com isso, encontrando) pontos negativos só para termos o que falar à mesa.

Ao se transformar numa pessoa que não reclama, você atrai mais daquilo que deseja, com menos esforço. Você se lembra da mulher da minha igreja que apresentou uma lista de reclamações? Depois de examinar um par dessas listas, percebi que ela continuaria achando defeito em tudo, por mais que eu tentasse agradá-la. Mesmo sem intenção, desenvolvi uma forte resistência mental a qualquer coisa que ela me pedia e passei a nutrir ressentimentos, porque nada parecia satisfazê-la. As idéias que ela me deu, inclusive as boas, foram deixadas de lado, pois eu achava que só trariam mais queixas e críticas. Como me recusei a conversar sobre o que ela considerava nossas falhas, ela parou de me apresentar suas listas de queixas. E o mais engraçado é que, pouco a pouco, começamos a adotar quase todas as suas sugestões. Não por causa de suas reclamações, mas porque ela tinha parado de reclamar. Programamos as mudanças porque consideramos que elas tinham uma razão de ser. Mas essa decisão foi adiada por muito tempo porque nos sentíamos atacados e reagíamos ignorando suas reivindicações.

Você é agora uma pessoa mais positiva, que fala sobre o que deseja e não fica resmungando sobre o que não deseja. As pessoas vão querer trabalhar com você e para você. E você obterá grandes conquistas e receberá mais do que jamais sonhou. Dê tempo ao tempo, fique atento e acontecerá.

"Mas como vou lutar pelas questões sociais que me mobilizam?", costumam me perguntar. "Como posso promover uma transformação positiva se eu não reclamar?" Como eu disse antes, as mudanças começam com a insatisfação, ou seja, quando alguém como você enxerga a diferença entre o que é e o que pode ser. A insatisfação é apenas o início, não pode ser o fim. Ao reclamar de uma situação, você poderá atrair outros que compartilham suas dores, mas não será capaz de fazer muito. Mas, se conseguir mostrar o que acontecerá quando os obstáculos forem superados, a ponte construída e o problema resolvido, poderá inspirar as pessoas a buscar uma mudança positiva.

Ao parar de reclamar, você perceberá que sentirá menos medo e menos raiva. Raiva é o medo dirigido para fora. E, por não ser mais uma pessoa que vive com medo, você atrairá menos pessoas raivosas e medrosas para a sua vida.

No livro *O coração da alma*, o popular escritor Gary Zukav escreveu: "A reclamação é uma forma de manipulação." Tenho um amigo que é pastor numa outra igreja. O conselho dos notáveis lhe enviou um consultor para ajudar sua paróquia a crescer. "Procure uma coisa que inspire medo em seus fiéis", disse o consultor. "Faça com que fiquem zangados. Vão reclamar da situação com outras pessoas. Isso fará com que se unam e atrairá mais gente para a igreja." Essa abordagem pareceu desleal ao meu amigo, que desejava ajudar as pessoas, não incitar uma multidão. Ele procurou um de seus colegas pastores e lhe perguntou como tinha funcionado a tal técnica de provocar medo e raiva. "Muito bem", disse o colega, "trouxe um monte de gente nova. O problema é que é um monte de gente com medo e raiva, gente que reclama o tempo todo – e agora tenho que lidar com isso." Meu amigo deixou o posto de pastor dessa igreja e assumiu a função de capelão num hospital. Está vivendo de acordo com seus princípios e se sente bastante feliz.

Outra noite, minha família e eu estávamos assistindo na televisão ao clássico *O vendedor de ilusões*, estrelado por Robert Preston. Ele interpreta o professor Harold Hill, um vendedor inescrupuloso, de fala rápida, que negocia instrumentos musicais. Ao chegar em River City, Iowa, Hill pergunta a um velho amigo, encarnado pelo ator Buddy Hackett, se existe alguma coisa naquela cidade que ele possa usar para causar mal-estar. O amigo comenta sobre a primeira mesa de sinuca da cidade, que tinha acabado de chegar, e Hill começa a assustar os moradores, denunciando a corrupção moral decorrente do jogo de sinuca. Naturalmente, a solução para a "corrupção moral" e a "histeria em massa" representadas pela mesa de sinuca é levar todos os jovens a formarem uma banda. E o professor está ali para salvar a pátria e vender instrumentos musicais e uniformes para todos. Ele alimenta o fogo das reclamações para manipular os habitantes da pequena cidade e tirar proveito.

Zukav está certo. A reclamação é uma manipulação da sua energia, e agora que você se tornou uma pessoa Sem Reclamações perceberá quando alguém estiver usando palavras negativas para tentar manipulá-lo. Então você será capaz de criar barreiras saudáveis para se proteger: quando ouvir essa conversa, saberá que é Reclamação, com R maiúsculo, que vem depois de P, que quer dizer Problema.

Alguns argumentam: "Mas há psiquiatras que acreditam que a reclamação é algo saudável." Como eu disse, faz sentido reclamar ocasionalmente para exprimir pesar, dor ou descontentamento. E falar sobre esses sentimentos com alguém que pode ajudá-lo é saudável, desde que seja feito de modo a obter o que você deseja no futuro, e não como uma forma de atacar alguém por causa do passado.

Conversar com um psicólogo ou um terapeuta sobre situações difíceis de sua vida com o objetivo de superá-las pode ser saudável. Um bom psicólogo pode dar significado a esses incidentes e fornecer esperança e paradigmas construtivos para uma vida melhor. Entretanto, reclamar para um amigo – "desabafar", como costumamos dizer – pode ser uma desculpa para a negatividade descontrolada, o que atrai ainda mais problemas. Sem falar que nos traz alianças com pessoas negativas, com quem entramos em sintonia.

Há momentos em que cada um de nós precisa parar e analisar o que está acontecendo em nossa vida para poder lidar melhor com uma determinada situação. Analisar não é a mesma coisa que reclamar. Analisar é compartilhar seus *sentimentos* sobre algo que aconteceu. Se o chefe grita com você, pode ser bom conversar com seu cônjuge sobre a experiência e dividir seus sentimentos. "Fiquei surpreso e triste quando ele gritou" é algo que você poderia dizer.

Ao analisar uma experiência, procure ter certeza de que o que você diz está focado em seus sentimentos, e não na história. Empregue palavras como:

- Zangado
- Triste
- Satisfeito
- Feliz

- Furioso
- Amedrontado
- Alegre

"Fico zangado quando você faz aquilo" expressa a sua experiência e é uma forma de analisar a situação. Seus sentimentos são os melhores indicadores para dizer se você está vivendo em comunhão com seu eu mais profundo. Conversar sobre o que se sente, sem relatar todos os antecedentes e o drama do "ele disse/ela disse", pode ser uma experiência saudável.

Mesmo com um terapeuta, é importante não se demorar excessivamente na dor de determinada experiência. Um estudo psicológico concluiu que falar sobre sintomas neuróticos pode intensificá-los.* Um bom terapeuta sabe quanto tempo e energia devem ser dedicados ao passado, e como ajudá-lo a utilizar o que aconteceu para criar um futuro melhor.

E agora você está no banco do motorista, pronto para rumar em direção ao futuro que sempre sonhou criar. Mais do que isso, falando apenas sobre o que deseja, você conseguirá alcançar em pouco tempo objetivos que julgava ainda estarem muito distantes.

Na peça *Fiction*, um dos personagens de Steven Dietz observa: "Os escritores não gostam de escrever. Gostam de ter escrito." Da mesma maneira, as pessoas não gostam de mudar, mas de ter mudado. No entanto, você investiu tempo e se esforçou para deixar de reclamar. Trocou a pulseira de braço inúmeras

---

* Kowalski, R. M. "Complaints and Complaining: Functions, Antecedents, and Consequences." *Psychological Bulletin* 119, p. 180, 1996.

vezes, e recomeçou de novo e de novo. Você se tornou outra pessoa. Você mudou. Olive Wendell Holmes disse: "Uma mente expandida por uma nova idéia jamais volta a se encolher até sua dimensão original." Você chegou lá.

Se você ainda não completou 21 dias consecutivos Sem Reclamações, deixe que este capítulo sirva como uma prévia do que está por vir. Você também pode conseguir.

CAPÍTULO 8

Os campeões dos 21 dias

"Nunca é alto demais o preço a se pagar pelo privilégio de ser dono de si mesmo."

FRIEDRICH NIETZSCHE

"Mas reclamar não é uma coisa saudável?" Quando sou entrevistado a respeito do fenômeno Sem Reclamações, a imprensa geralmente me coloca ao lado de algum psicólogo que defende que a reclamação é algo que conduz a uma saúde melhor. Quando isso acontece, lembro a todos que não é minha missão mudar as pessoas. Se quiserem reclamar, boa sorte. E, só para esclarecer, não defendo de forma alguma que se deva permanecer em silêncio quando acontece algo que precisa ser corrigido. Não esconda o problema, não engula o desaforo, apenas preste atenção para relatar os fatos, sem empregar a energia que costumamos colocar em frases do tipo "Como você ousa fazer isso comigo?".

Quanto a ser uma atitude saudável, imagino que alguns psicólogos vêem seu trabalho como o de ouvir queixas das pessoas e não desejam correr o risco de perder sua fonte de renda. Um bom terapeuta ajuda você a superar eventos traumáticos do seu passado, colocando-os numa perspectiva diferente e usando o que você aprendeu para tornar o presente mais feliz e o futuro mais promissor.

Não sou psicólogo. Minha experiência nessa área se baseia apenas na metamorfose da minha própria vida depois que deixei de lado o hábito de me lamuriar e nos depoimentos das pessoas que me contaram como são mais felizes e saudáveis depois que pararam de reclamar.

Michael Cunningham, Ph.D., psicólogo da Universidade de Louisville, propõe que a predisposição humana para a reclamação decorre provavelmente da necessidade que nossos ancestrais tinham de gritar para avisar sobre alguma ameaça à tribo. "Nós, mamíferos, somos uma classe que guincha", diz o Dr. Cunningham. "Falamos de coisas que nos incomodam como forma de obter auxílio ou para encontrar forças para um contra-ataque." Reclamações desenfreadas não são mais necessárias, mas ainda precisamos superar essa necessidade, pois, como examinamos anteriormente, obtemos benefícios psicológicos e sociais quando nos queixamos.

Ao reclamar, estamos dizendo "Alguma coisa está errada". Quando reclamamos com freqüência, vivemos nesse estado de "alguma coisa está errada" e aumentamos o nível de estresse em nossa vida. Imagine se alguém ficasse repetindo para você, sem parar: "Cuidado!" ou "Preste atenção, alguma coisa ruim vai acontecer". Sua vida não seria mais estressante se as pessoas ficassem constantemente apontando os perigos e as armadilhas à sua volta? Claro que sim. E, quando você reclama freqüentemente, quem está disparando o sinal de alerta e aumentando seu nível de estresse é você mesmo. E seu corpo reage com o estresse.

Nosso nível coletivo de estresse me faz lembrar os cadetes que estudavam na universidade que freqüentei. Quando um calouro encontrava um veterano, precisava se colocar em posição de sentido, isto é, com os braços esticados, o queixo levantado e o corpo todo rígido como se estivesse se preparando para atacar. Quando nossa mente se concentra naquilo que está errado, nosso corpo reage. Ficamos em "posição de sentido" – tensionamos os músculos, nosso ritmo cardíaco se acelera e a pressão sobe. Isso parece saudável para você?

Se examinarmos a lista das drogas vendidas com receita médica nos Estados Unidos, segundo um artigo publicado em 27 de fevereiro de 2006 no site Forbes.com, sete entre os sete medicamentos mais consumidos – isso mesmo, todos os sete – são para doenças agravadas pelo estresse. Em 2005, foram gastos, nos Estados Unidos, 31,2 bilhões de dólares em remédios para combater depressão, azia, doenças cardíacas, asma e colesterol elevado.

Reclamar não é saudável. Muito pelo contrário, é prejudicial à saúde. Mas você não precisa acreditar em mim. Eu gostaria de concluir este último capítulo com comentários daqueles que chamo de "Campeões dos 21 dias" – pessoas que aceitaram o desafio e completaram 21 dias consecutivos sem reclamar.

Joyce Cascio

(escritora)

Há um ano, se alguém me perguntasse "Você reclama muito?", eu diria com firmeza: "Não, de jeito nenhum. Raramente reclamo." Mas a resposta mais apropriada seria: "Sim, reclamo, mas ignoro completamente a freqüência e as ocasiões em que isso acontece."

Eu não fazia idéia de quanto reclamava porque me baseava numa escala de 0 a 10 que tinha na cabeça, em que 10 representava um queixoso permanente e 0 uma pessoa que nunca reclamava. Eu acreditava que não precisava melhorar muito, pois não me via como um tipo 10 e sim como alguém no meio do caminho, que merecia 5 ou, em circunstâncias extremas, 6. Mas a minha escala não revelava que reclamar, em qualquer nível, era prejudicial para mim e para os meus relacionamentos.

Percebi pela primeira vez quanto reclamava durante o verão de 2006. O negócio que eu iniciara em 2004 parecia fadado ao fracasso. As pessoas mais próximas duvidavam que pudesse dar certo. Sentia-me desencorajada, deprimida e negativa, principalmente em relação a mim mesma. Minhas conversas eram exaustivas, pois a maior parte de minha energia era empregada na defesa de minhas posições em relação ao negócio e na descrição das dificuldades e resistências que andava encontrando.

Finalmente, cansada de tanto falatório, decidi fazer uma espécie de retiro silencioso. Precisava me afastar de todo mundo. Eu escrevia religiosamente no meu diário e, certa vez, no final de julho, comecei a escrever sobre a dor que minhas próprias palavras estavam me causando, já que a maior parte do que eu dizia não engrandecia a mim nem a ninguém. Percebi que reclamar era a forma que eu encontrava de criar desculpas para o que eu fazia ou deixava de fazer. Pela primeira vez, compreendi como as queixas me roubavam a possibilidade de tomar decisões significativas para a minha vida. Basicamente, reclamar me impedia de manter uma comunicação honesta e direta com todo mundo, até comigo mesma.

Ironicamente, na mesma semana, sem que eu soubesse, o reverendo Will Bowen estava dando início ao movimento Sem Reclamações e lançando um desafio aos membros da nossa congregação para que passassem 21 dias sem se queixar ou falar mal dos outros. Quando voltei à igreja, algumas semanas depois, fiquei entusiasmada ao ouvir a notícia e aderi ao movimento imediatamente.

Fico feliz em informar que consegui completar os 21 dias. Hoje, continuo a usar a pulseira como um lembrete e também para demonstrar meu apoio a esse importante movimento que está afetando positivamente a vida de tantas pessoas.

O que aconteceu comigo desde que completei os 21 dias?

Minha vida é mais plena e feliz.

As perspectivas para o meu negócio estão melhores do que nunca.

Meus relacionamentos se tornaram mais positivos e há menos conflitos entre mim e as pessoas de minhas relações.

Continuo a encontrar situações e eventos que me desafiam, mas a forma como reajo a eles mudou, e essa mudança tem alterado seu desfecho. Hoje, consigo me comunicar de uma forma mais direta comigo e com os outros. Viver Sem Reclamações foi uma revolução na minha vida, e sei que a mesma coisa acontecerá com qualquer um que estiver disposto a tentar.

Cathy Perry

(professora substituta)

O meu 21º dia Sem Reclamações foi 24 de abril de 2007, dez meses depois de encarar o desafio. Parei e recomecei diversas vezes. Levei semanas até conseguir ficar um único dia sem reclamar. Tornou-se mais fácil em outubro de 2006, quando meu marido resolveu participar também. Ajuda muito ter um companheiro ao longo da jornada, para dar e receber apoio.

Esse desafio ajudou a abrir meus olhos para as reclamações que eu fazia. Foi realmente um processo de conscientização dos meus pensamentos e palavras. Logo que percebi onde deveria colocar o verdadeiro foco da minha atenção, fui capaz de mudar a maneira de pensar sobre mim mesma, sobre os outros e sobre as situações que encontrava a cada dia. Foi uma grande transformação, da minha cantilena diária de "Estou cansada", "Não dormi o bastante" e "Não tenho tempo de fazer nada" até ser capaz de dormir bem e me sentir bem. Enquanto eu mudava meu enfoque, ficou mais fácil manter uma atitude positiva, e tenho me sentido cada vez melhor. Sinto-me mais feliz e muito mais relaxada. As relações com meus familiares também melhoraram. Há mais elogios do que queixas em nossas conversas diárias. Nosso lar está cheio de paz.

O desafio não é fácil. Vencer os primeiros dias leva tempo e exige um esforço consciente. Porém, assim que seus hábitos e sua forma de pensar começam a mudar, fica mais tranqüilo. O segredo é continuar tentando.

Para mim, o desafio não era apenas uma questão de parar de reclamar – e sim de transformar as lamúrias em gratidão pelas bênçãos recebidas. Hoje, enxergo o lado bom das coisas em vez de ver apenas motivos para reclamações.

Don Perry

(projetista de pontes)

Minha mulher iniciou o desafio em julho passado e, quando me contou do que se tratava, fiquei intrigado. Percebi uma grande diferença no comportamento dela e, em outubro de 2006, resolvi me engajar no movimento também. Passaram-se oito semanas antes que eu completasse meu primeiro dia Sem Reclamações. Finalmente, completei o desafio no dia 18 de abril.

Durante esse processo, percebi quanto reclamar afetava o meu humor e como eu me tornara pessimista. Fiquei surpreso ao descobrir como os outros reagiam à minha negatividade. Um dia, no trabalho, meu chefe quis saber o que significava aquela pulseira roxa que eu estava usando. Quando lhe contei sobre o desafio, ele pareceu satisfeito e disse: "Quando você está contrariado, Don, fica assustador." Contei isso para minha família e todos concordaram com meu chefe e disseram que muitas vezes desejavam sair de perto quando eu começava a esbravejar, ao ler o jornal ou ver televisão.

Agora percebo que minha raiva derivava da minha insegurança no trabalho. Eu reclamava com qualquer um que estivesse disposto a ouvir sobre a quantidade de tarefas que eu tinha ou sobre os prazos apertados, pois não tinha confiança em conseguir dar conta de tudo. E, se não desse, será que isso significaria que eu não era bom o bastante? Eu me queixava por estar temeroso e zangado. Mas agora compreendo que sempre haverá muito trabalho pela frente, e tudo o que posso fazer é dar o melhor de mim.

Essa compreensão me ajudou a ficar em paz com o fato de não conseguir controlar tudo o que acontece tanto na minha vida profissional quanto pessoal – percebi que reclamar não ajuda a resolver a situação. Também descobri que, quanto menos me queixo, menos me preocupo. E, sem me enredar em preocupações obsessivas, consigo aproveitar melhor o tempo em casa e ficar mais relaxado.

O desafio Sem Reclamações ajudou minhas relações em casa e no trabalho. Minha atitude negativa era contagiante de uma forma venenosa. Já minha nova atitude positiva é contagiante de uma forma salutar. A felicidade que recebi se espalhou. Meu chefe agora me chama de "Senhor Raios de Sol".

Marty Pointer

(técnico de computação)

Nesses quatro meses desde que consegui ficar 21 dias sem reclamar, o maior benefício que recebi foi aceitar melhor as pessoas que não compartilham meus valores e as coisas que não posso controlar. Estou me afastando pouco a pouco de pessoas que parecem adorar fazer críticas e encontrar defeitos e, ao mesmo tempo, me aproximando daquelas que procuram ver o lado bom da vida. Uma grande recompensa tem sido o desabrochar de diversas amizades com espíritos afins.

Ao concluir os 21 dias, descobri em mim uma bondade que nunca acreditara possuir. É verdade que ninguém se comporta perfeitamente o tempo todo (e admito tropeçar ocasionalmente), mas percebi que ficou muito mais fácil ver a luz dentro de mim depois de aprender a relevar as imperfeições das pessoas e das circunstâncias.

Enquanto escrevo, minha mãe de 93 anos está na cama de um asilo para doentes terminais, esperando para se reunir com seus pais e muitas outras pessoas amadas que partiram antes dela. Pesa cerca de 40kg e não come há mais de uma semana. A enfermeira diz que não entende como mamãe ainda está aqui, pois todas as suas reservas já se foram. Ela está tão fraca e indefesa. Essa situação tem sido muito dolorosa para mim e andei lutando para suprimir minhas queixas a Deus até lembrar de algumas das lições que aprendi durante o desafio. Uma delas é pedir ajuda. Por isso, pedi ajuda a Deus.

Ontem acordei com a compreensão de que Deus deu à minha mãe um corpo maravilhoso e forte que lhe serviu com boa saúde por 93 anos. Ele a levou a muitos lugares, gerou e alimentou três bebês, tocou instrumentos musicais, usou agulha de crochê para fazer casaquinhos, falou e escreveu seus pensamentos e fez suas vontades de milhares de maneiras. Aquele corpo ainda está fielmente tentando cumprir seu trabalho de abrigar seu espírito, mesmo enquanto entra em colapso. Agora me sinto capaz de louvar a Deus cheio de gratidão por esse maravilhoso presente e também aceitar Seu plano para a forma como a parte terrena da jornada da alma de minha mãe será encerrada.

Há seis meses, eu nunca teria imaginado como 21 dias Sem Reclamações poderiam modificar a minha vida, mas foi isso o que aconteceu e agora também afeta a existência das pessoas à minha volta.

Jack Ring
(empresário)

Eu ficava assombrado que alguém considerasse parar de reclamar um desafio, até começar minha própria tentativa de chegar a 21 dias sem resmungos. Sou dono de meu próprio negócio, uma loja de roupas masculinas. Tenho muito prazer no meu trabalho e adoro o contato com os clientes e fornecedores, pessoas interessantes e criativas.

Bem, aí vem "o resto da história".

Na convivência diária parece ficar cada vez mais difícil enxergar o melhor das pessoas. Problemas mesquinhos se transformam em acontecimentos importantes que ameaçam desfazer relacionamentos, provocam discussões e deixam os envolvidos em depressão. Acho que todos nós concordamos que esse estado de espírito não é saudável e deveria ser evitado.

Ao começar o desafio, descobri que, se não fosse por culpa do meu negócio, da minha mulher, dos meus filhos, do trânsito, meu sócio, meus empregados, meus fornecedores, meu trabalho na igreja, meu cão, meus gatos, meus amigos, clientes, o gerente do banco e todo mundo com quem eu mantinha algum contato, eu bem que teria conseguido passar 21 dias sem reclamar com facilidade.

Então percebi um ponto comum a todos os meus problemas. EU! Ao esbarrar num obstáculo que dificultava aquilo que desejava alcançar, eu procurava alguém para culpar. Também me dei conta de que os outros viviam se queixando de problemas triviais que, na maioria dos casos, eles próprios tinham provocado ou então reclamavam inutilmente de situações sobre as quais não tinham nenhum controle. À medida que gastei a pulseira de tanto trocá-la de braço, notei como era cansativo ouvir as lamúrias alheias e passei a me sentir rabugento.

A luz começou a brilhar, finalmente, e cheguei à conclusão de que minhas reclamações eram tão aborrecidas para os outros como as deles para mim. Eu não tinha mais desculpas para não completar os 21 dias Sem Reclamações. Passei a ficar de boca fechada toda vez que alguém se queixava de algo. Quando uma reclamação passava pela minha cabeça, tentava pensar numa solução ou, pelo menos, aceitar as coisas como eram. No dia 14 de fevereiro, enquanto viajava para fazer compras com meu sócio e nossas esposas, finalmente completei os 21 dias.

Ao permanecer em silêncio diante das explosões dos outros, não lhes dou uma platéia e permito que reflitam sobre seus comentários. Podemos dizer que é preciso duas pessoas para reclamar, da mesma forma que acontece numa briga. A pulseira roxa pode ajudar até mesmo aqueles que escolherem não usá-la. Sem uma platéia, ficamos mais preocupados em lidar com os problemas que temos e levar a vida adiante.

Manter nossas reclamações em silêncio pode ser comparado ao exercício da meditação. Fica mais fácil ouvir o que Deus tem a nos dizer.

Rick Silvey

(professor universitário)

Se alguém me dissesse, quando embarquei nesta aventura, o tempo que seria necessário para completá-la, eu não teria acreditado. Nunca me considerei uma pessoa fofoqueira ou ranzinza. Talvez sarcástico, mas não um queixoso profissional. Mas, no momento em que passei a prestar atenção no meu comportamento, percebi que teria muito trabalho pela frente.

Armado com as práticas espirituais que adquiri ao longo da minha jornada, parti com o objetivo de erradicar a reclamação da minha vida. Três vezes por dia, agradecia pela experiência que estava vivendo e procurava visualizar a forma como ela se manifestaria. Também usei afirmações positivas e citações para servir de inspiração ao longo do dia. Minha intenção era transferir as características indesejáveis que tinham sido enterradas em meu inconsciente para o plano da consciência com o objetivo de removê-las. Acredito que essa é uma parte fundamental do processo. Até me conscientizar de que eu possuía e exibia tais características, não conseguiria erradicá-las. Aos poucos, fui capaz de administrar esses incidentes de queixa e fofoca com maior facilidade.

O esforço em me tornar uma pessoa Sem Reclamações fortaleceu a visão otimista que tenho da vida. Agora entendo como o pensamento negativo dificulta que eu encontre paz dentro de mim e na relação com os outros. Sou mais paciente e experimento menos raiva em todas as áreas da minha vida. Ainda defendo com firmeza meus pontos de vista, mas sou capaz de dar minhas opiniões de formas mais nobres.

Decidi estender este exercício por outros 21 dias. Dessa vez, além de me abster de reclamar, criticar e falar mal da vida alheia, vou me concentrar na eliminação dos pensamentos de insegurança e dúvida. Essa experiência pode ser sintetizada pelas palavras de George Bernard Shaw: "Para mim a vida não é uma vela breve, mas uma tocha esplêndida que tenho em mãos neste momento – e quero fazê-la queimar da forma mais brilhante possível, até a hora de entregá-la às gerações futuras." Ao nos tornarmos pessoas Sem Reclamações, estamos criando objetivos mais elevados para as gerações futuras.

Tom Alyea

(consultor de empresas e coordenador sênior do programa A Complaint Free World)

Como fã do antigo seriado de TV *I Love Lucy*, eu adorava quando Ricky Ricardo entrava em casa todos os dias e anunciava: "Oi, Lucy, cheguei!" Durante os primeiros anos de meu casamento, era o que eu fazia. "Oi, Mischa, cheguei!" Mas em algum momento da minha vida passei a dizer: "Oi, Mischa, cheguei e estou com dor de cabeça (nas costas, de estômago)."

Reclamar se transformou em um estilo de vida, uma forma de obter atenção ou começar uma conversa. Mas eu não me dava conta disso. Sempre me considerei uma pessoa feliz e positiva – até voltar para casa num domingo de julho de 2006 e contar para minha mulher sobre os 21 dias Sem Reclamações. Lá estava eu, todo animado, me gabando que seria o primeiro a vencer o desafio. Ela apenas sorriu e disse: "Vinte e um dias? Gostaria de ver você passar 21 minutos sem reclamar." E, mais ou menos seis minutos depois, percebi que esse seria o maior desafio da minha vida. Minha mulher e eu estávamos sentados no sofá e de repente exclamei: "Nossa, está muito quente lá fora e provavelmente vou ficar com dor de cabeça." Ela olhou para mim e para a pulseira no meu braço (que troquei de posição imediatamente). A verdade é que o silêncio daqueles seis minutos estava me deixando maluco, e eu tinha que puxar assunto. Queria atenção e pensei que essa era a melhor maneira de obtê-la.

Assim, este foi o meu primeiro desafio – aprender como iniciar uma conversa sem fazer uma reclamação. Depois, passei para outros tipos de queixas. O quarto dos garotos está uma bagunça – me diga, reclamar sobre a bagunça no quarto de adolescentes ajuda a arrumá-lo mais rápido? O mau tempo – o que posso fazer a respeito? E a lista continuava à medida que as lamúrias se sucediam e eu percebia como os meus pensamentos e palavras eram negativos.

Depois de passar cinco meses trabalhando no desafio de 21 dias, finalmente tive sucesso! As minhas dores de cabeça diminuíram? Sim, porque, para começar, eu nem tinha tantas assim. O que vejo agora é um corpo mais saudável, que trabalha para estar bem o tempo todo. Sou uma pessoa mais feliz? Pode apostar. As refeições com os meninos se tornaram bem mais agradáveis depois que deixei de reclamar da sujeira no quarto deles e começamos a falar mais sobre seus sonhos e esperanças. Se estou contente por ter perseverado e completado os 21 dias? Fora um casamento maravilhoso e três filhos que amo e adoro, foi a melhor coisa que aconteceu na minha vida.

Será que algum desses depoimentos encontra eco dentro de você? Você gostaria de passar por experiências semelhantes de mudança e desenvolvimento? Você pode transformar essas histórias em realidade, ao remover sistematicamente a reclamação.

CONCLUSÃO

Uva Uvam Videndo Varia Fit

"Reclamar não deve ser confundido com informar alguém de uma falha ou de uma deficiência para que elas possam ser sanadas. Além disso, abster-se de reclamar não significa necessariamente tolerar mau comportamento ou má qualidade. Não há interferência do ego quando dizemos ao garçom que a comida está fria e precisa ser esquentada – desde que nos atenhamos aos fatos, que são sempre neutros. 'Como você se atreve a me servir sopa fria?' Isso, sim, é uma queixa."

ECKHART TOLLE,
Um novo mundo – O despertar de uma nova consciência

O melhor resumo para o meu livro está na citação de Eckhart Tolle que abre este capítulo. Comentar um problema com alguém que pode melhorar sua situação não é uma queixa. Repreender alguém severamente ou lamentar a situação é reclamar. E reclamar atrai mais daquilo que você não deseja.

Se você agredir verbalmente um garçom por causa da sopa fria, pode ser que ele volte trazendo sopa quente, mas quem poderá dizer o que mais ele terá colocado no seu prato num momento de raiva? Quando uma pessoa ouve reclamações ou críticas, ela se sente agredida, e a primeira reação é tentar se defender. Essa defesa pode tomar a forma de um contra-ataque. Mesmo se isso não ocorrer, você emitiu para o universo vibrações de que é uma vítima e, ao fazê-lo, está convidando mais algozes para o seu convívio.

Reclamar é, com freqüência, uma forma de chamar atenção para si. Todos desejam ser reconhecidos, mas as pessoas que reclamam muito podem estar fazendo isso por sofrer de baixa auto-estima. Elas se queixam para demonstrar seus gostos exigentes e sua sofisticação, principalmente quando estão inseguras. A reclamação também serve para legitimar limites que nós mesmos nos impomos como uma espécie de desculpa para não nos expandirmos, crescermos e melhorarmos nossa vida.

Uma reclamação pode ser um pedido de atenção, mas também é um sinal de que alguma coisa está errada. O universo, sendo ao mesmo tempo benéfico e neutro, envia mais do que está "errado". Quando alguém reclama, está fazendo um pedido para receber mais motivos de reclamação, e a espiral negativa se perpetua.

A maneira de sair dela é parar de reclamar e demonstrar gratidão quando algo positivo acontece. Sempre há muitas e muitas razões para agradecermos. Para me lembrar disso, logo ao despertar escrevo cinco coisas pelas quais sou grato. Descobri que ao colocar as idéias no papel – em vez de apenas pensar – consigo dar um tom de gratidão ao dia inteiro.

Fale de coisas negativas e infelizes e receberá coisas negativas e infelizes de volta. Fale de coisas pelas quais você é grato e atrairá para si mais daquilo que aprecia. Você apresenta um padrão de fala que demonstra o que você pensa, e ele cria a sua realidade cotidiana. Mesmo sem perceber, você traça o curso de cada dia e segue naquela direção. Os resultados podem ser agradáveis ou dolorosos.

Quando eu era criança, uma das histórias que minha mãe me contava era sobre um padeiro, um desconhecido e o dono sovina de uma loja. O desconhecido chega a uma cidadezinha à procura de comida e abrigo por uma noite. Quando pede ajuda, o dono da loja e sua mulher recusam.

O forasteiro entra então na padaria. O padeiro não tem nem uma moeda e está quase sem os ingredientes para fazer pão. Ainda assim, convida o homem para entrar e dividir sua parca refeição. Em seguida, o padeiro cede ao homem sua própria cama. Na manhã seguinte, o desconhecido agradece ao padeiro e diz: "A primeira coisa que você fizer hoje, vai passar o resto do dia fazendo."

O padeiro não entende bem o significado das palavras do desconhecido. De qualquer maneira, decide assar um bolo para que seu hóspede tenha o que comer no caminho. Examinando suas prateleiras vazias, ele encontra dois ovos, uma xícara de farinha, um pouco de açúcar e especiarias. Começa então a preparar o bolo. Para surpresa do padeiro, quanto mais ingredientes ele usa, mais ingredientes aparecem. Quando se prepara para quebrar os dois ovos, vê que outros quatro aparecem no lugar. Ele vira o saco de farinha para conseguir recolher a última xícara e descobre que o saco está cheio quando o coloca no chão novamente. Alegre diante de sua boa sorte, o padeiro começa a preparar toda sorte de iguarias, e logo a praça é tomada pelo perfume de pães, biscoitos, bolos e tortas. A clientela forma uma fila que dá a volta no quarteirão para adquirir suas criações.

Naquela noite, exausto, feliz e com a registradora transbordando de dinheiro, o padeiro recebe a visita do dono de loja sovina. "Como foi que você conseguiu tantos clientes hoje?", perguntou o homem. "Parecia que todo mundo na cidade estava comprando pães e bolos com você – alguns até mais de uma vez." O padeiro contou a história de como tinha ajudado o forasteiro e das estranhas palavras que ele dissera pela manhã.

O dono da loja e sua mulher saíram correndo da padaria e pegaram a estrada até que, finalmente, encontraram o homem a quem tinham recusado ajuda na noite da véspera. "Meu bom senhor", disseram, "por favor, perdoe nossa indelicadeza na noite passada. Não sei onde estávamos com a cabeça ao lhe ter recusado ajuda. Por favor, volte conosco para casa e permita que possamos lhe oferecer nossa hospitalidade." Sem uma palavra, o homem os acompanhou pela estrada, de volta até à cidade.

Quando chegaram à casa do dono da loja, o viajante foi recebido com um banquete com bons vinhos e doces deliciosos de sobremesa. Passou a noite num quarto luxuoso, numa cama com colchão de penas de ganso. Na manhã seguinte, enquanto o homem se preparava para partir, o dono da loja e sua mulher mal conseguiam conter sua ansiedade, esperando a bênção de seu encanto. Logo o viajante agradeceu ao casal e disse: "A primeira coisa que vocês fizerem hoje, vão passar o resto do dia fazendo."

Despedindo-se apressadamente do desconhecido, o homem e sua mulher correram para a loja. Na expectativa do grande movimento de fregueses, o dono da loja pega uma vassoura e começa a varrer o chão para arrumar tudo para a multidão. Para ter certeza de dispor de troco para todas as compras a serem feitas naquele dia, a mulher começa a contar as moedas na registradora. Ele varre e ela conta. Ela conta e ele varre. Por mais que tentassem, não conseguiram parar de varrer e contar até o dia acabar.

Tanto o padeiro quanto o dono da loja receberam a mesma bênção. O padeiro começou o dia de forma generosa e positiva e recebeu uma grande fartura. O dono da loja começou o dia de forma egoísta e negativa e não ganhou nada. A bênção é neutra, assim como sua habilidade em criar sua vida também é neutra. Use-a da forma que você desejar. E colherá o que plantar.

E lembre-se de que, quando alguém o critica de maneira ferina, isso acontece por causa do medo e da insegurança. Essa pessoa está no que considera ser uma posição de inferioridade e potencializa seu veneno como forma de parecer maior e mais forte, quando na verdade se sente pequena e fraca. Ela projeta seu medo e seu desconforto nos outros. Tenta ferir porque está ferida.

Se quisermos melhorar o mundo, devemos primeiro curar a discórdia dentro de nossa própria alma. Mudar nossas palavras mudará nossa forma de pensar, o que, por sua vez, transformará o mundo. Quando paramos de reclamar, removemos o principal escoadouro para nossos pensamentos negativos, e nossa mente muda de direção, por isso ficamos mais felizes. Sem ter como expressar os pensamentos negativos, nossa mente pára de produzi-los e encontra pensamentos mais felizes para criar. Gosto de imaginar que a mente é uma fábrica de pensamentos. Ela nunca pára de produzir, mas, na ausência de clientes para a negatividade, pode mudar sua linha de produção e passar a fabricar pensamentos felizes.

Nosso mundo exterior é uma projeção do nosso mundo interior. Nossas relações começam com a relação com nós mesmos. Você não pode tratar ninguém melhor do que trata a si mesmo. Tudo começa com você. Em Mateus 7:3, Jesus diz: "Por que reparas no cisco que está no olho do teu irmão quando não percebes a trave que está no teu?" Se você anda reparando num grande número de pessoas que reclamam à sua volta, talvez devesse examinar rapidamente seu próprio olho.

Quando completar 21 dias consecutivos Sem Reclamações, você deixará de ser uma pessoa viciada em queixas. Os alcoólatras costumam dizer que, não importa o tempo que se mantêm sóbrios, se passarem algum tempo próximos da bebida, vão acabar bebendo. Se as pessoas ao seu redor não param de reclamar, olhe para dentro de si mesmo e pergunte se não foi você quem atraiu esses ranzinzas. Se, mesmo depois de você ter cortado as reclamações da sua vida, eles continuarem se lamuriando ao seu lado, afaste-se deles. Se estão no seu local de trabalho, tente mudar de departamento ou de emprego. Se são seus amigos, você talvez conclua que evoluiu muito além desses relacionamentos atuais. Mesmo se forem parentes, talvez o melhor seja limitar o tempo que dedica a eles.

Não permita que pessoas negativas roubem a vida que você deseja. São necessários 21 dias para formar um hábito. E, do mesmo modo, você pode retomar seu antigo hábito de reclamar em apenas 21 dias, se voltar ao seu comportamento anterior. Por isso, fique atento àqueles que o cercam, pois você pode se sentir tentado a seguir seus passos. Cuide bem de você e seja cauteloso ao se relacionar com pessoas que vivem se queixando de tudo. Senão pode voltar a chafurdar no lamaçal da negatividade. Por outro lado, a sua recusa em retornar à condição de "reclamão" pode ser o incentivo de que essas pessoas precisam para examinar sua própria vida e crescer.

A melhor maneira de auxiliar os outros é tornar-se um modelo do estilo de vida Sem Reclamações. A cada passo, ame aqueles à sua volta. A melhor definição de "amor" que já encontrei foi escrita pelo Dr. Denis Waitley: "O amor é a aceitação incondicional e a busca do bem." Ao aceitar as pessoas e procurar o que elas têm de bom, nós experimentamos mais e mais bondade. Isso significa que não devemos sair por aí tentando forçar os outros a parar de reclamar. Em vez disso, ao nos tornarmos Sem Reclamações, atrairemos pessoas felizes e saudáveis, pois aquelas que não forem assim se sentirão desconfortáveis perto de nós e seguirão seu caminho.

Utilizar velhas frases de maneiras novas é essencial para viver uma vida Sem Reclamações. Quando algo de bom acontecer, diga a si mesmo: "Tinha que ser assim!" Sorria e pense que você é um ímã para boas coisas. Achou uma vaga para estacionar o carro bem na frente da loja num dia chuvoso? Diga: "Que sorte a minha!" Se alguém o olhar feio, agradeça intimamente: "Obrigado por me ensinar a compaixão." No começo, isso pode parecer tolice, mas quanto mais você utilizar palavras afirmativas e poderosas, mais tijolos sólidos você depositará para construir uma vida de alegria e abundância.

Há gente que usa o termo "modismo" ao falar do movimento Sem Reclamações. Mas não é assim que encaro o programa. Eu o considero uma alteração na consciência humana que chegou para ficar – uma idéia simples e profunda que pode transformar o mundo.

No momento, estamos trabalhando com psicólogos especializados em crianças para criar programas escolares que disseminem essa idéia entre os jovens. Nosso objetivo é encorajar líderes de países do mundo inteiro a proclamar um dia no calendário como sendo "Sem Reclamações". Não se trata de um feriado, e sim de algo na linha do Dia de Combate ao Fumo. Um dia para que as pessoas experimentem como seria deixar para trás reclamações, críticas e fofocas. Nos Estados Unidos e no Canadá existe uma campanha para que a data escolhida seja a véspera do Dia de Ação de Graças. Faz todo o sentido: depois de um dia sem reclamar, um dia de gratidão. O oposto da reclamação é a gratidão. É preciso aumentar o nível de consciência das pessoas sobre o poder de transformação que um país e seu povo possuem ao concentrar sua energia coletiva em soluções, em vez de dispersá-la em problemas.

Em *Lonesome Dove – Na trilha da solidão*, romance de Larry McMurtry, um dos personagens principais, o caubói pseudo-intelectual Gus McCrae, grava uma frase em latim no pé do anúncio de sua companhia de transportes: *"Uva Uvam Vivendo Varia Fit."* McMurtry não explica o significado e, na realidade, erra a grafia – uma forma de indicar os parcos conhecimentos de latim do personagem, eu presumo. A grafia correta é: *"Uva Uvam Videndo Varia Fit."* Quer dizer que uma uva muda de cor ao ver outra. Em outras palavras: uma uva promove o amadurecimento da outra.

Num vinhedo, quando uma uva começa a amadurecer, emite uma vibração, uma enzima, uma fragrância ou um campo de energia que é captado pelas outras uvas. Elas sinalizam umas para as outras que é tempo de mudar e amadurecer. Ao se tornar uma pessoa que visa apenas ao melhor para si e para os outros, você sinalizará para todos à sua volta que é hora de mudar.

Se não escolhermos intencionalmente a vida que queremos ter, viveremos no piloto automático, seguindo outras pessoas. Com freqüência seguimos os outros sem sequer nos darmos conta do que estamos fazendo. Quando meu pai era jovem, ele administrava um motel de beira de estrada que pertencia ao meu avô. O motel funcionava em frente a uma revenda de carros usados, e meu pai fez um acordo com o dono do negócio. Nas noites em que o movimento estava fraco, meu pai atravessava a rua e transferia uma dúzia de carros da revenda para o estacionamento do motel. Em pouco tempo, ficava cheio de clientes. As pessoas que passavam pela estrada concluíam que, se o estacionamento estava vazio, o motel não deveria ser muito bom. Mas, se estivesse cheio, acreditavam que o lugar era bom. Seguimos outras pessoas.

Você cria impacto no seu mundo. No passado, seu impacto pode ter sido negativo por causa de sua propensão a reclamar. Agora, contudo, você está espalhando otimismo e construindo um mundo melhor para todos. Você é uma onda no grande oceano da humanidade que ressoa pelo mundo inteiro.

Você é uma bênção.

AGRADECIMENTOS

Agradeço a vocês, boas pessoas da Christ Church Unity, em Kansas City, Missouri, e aos voluntários, doadores e simpatizantes que fizeram com que o movimento Sem Reclamações se transformasse em realidade. Obrigado à minha mulher, Gail, por seu amor infinito e seu encorajamento. Obrigado à minha mãe, Lindy, e ao meu pai, Bill, meus irmãos Chuck e Dave, e minha madrasta, Bobby, por sempre terem acreditado em mim. Obrigado a Steve Hanselman, da Level 5 Media, por ser meu guia, mentor e estar tão aberto à troca de idéias. Obrigado a Alice Anderson por transformar sua vida num modelo de princípios e integridade e a Terry Lund por suas preces. Agradeço também a Sallye Taylor, que sempre acreditou em mim e me estimulou a fazer o melhor possível. E a Yakov Smirnoff, Dan Murphy, Chris de Leon, Steve Hall, Adam Khan e Gary Hild, pela amizade que ultrapassa o tempo e a distância. Obrigado ainda a Steve Rubin, Bill Barry e Trace Murphy. E um agradecimento especial a Joe Jacobson por estar sempre por perto.

E obrigado a você, querido leitor, por estar aberto a introduzir um novo paradigma em sua vida e assim iluminar nosso mundo.

CONHEÇA OS 50 CLÁSSICOS DA EDITORA SEXTANTE

Espiritualidade/Inspiração

Muitas vidas, muitos mestres, de Brian Weiss
Muitas vidas, uma só alma, de Brian Weiss
Jesus, o maior psicólogo que já existiu, de Mark W. Baker
Conversando com os espíritos, de James van Praagh
A última grande lição, de Mitch Albom
Uma ética para o novo milênio, de Sua Santidade, o Dalai-Lama
A arte da meditação, de Daniel Goleman
O Mestre dos Mestres (Coleção Análise da Inteligência de Cristo), de Augusto Cury
Espiritualidade, um caminho de transformação, de Leonardo Boff
Autobiografia de um iogue, de Paramahansa Yogananda
O Poder do Agora, de Eckhart Tolle

Negócios

O monge e o executivo, de James C. Hunter
Como se tornar um líder servidor, de James C. Hunter
Jesus, o maior líder que já existiu, de Laurie Beth Jones
Faça o que tem de ser feito, de Bob Nelson
Seu balde está cheio?, de Tom Rath e Donald O. Clifton
A hora da verdade, de Jan Carlzon
A Boa Sorte, de Álex Rovira Celma e Fernando Trías de Bes
Você é mais capaz do que pensa, John G. Miller
Seis fundamentos do sucesso profissional, de Stuart R. Levine

Ficção

O Código Da Vinci, de Dan Brown
Ponto de Impacto, de Dan Brown
Anjos e Demônios, de Dan Brown
Fortaleza Digital, de Dan Brown
As cinco pessoas que você encontra no céu, de Mitch Albom

Livros de bolso

Dez leis para ser feliz, de Augusto Cury
Seja líder de si mesmo, de Augusto Cury
Você é insubstituível, de Augusto Cury
Palavras de sabedoria, de Sua Santidade, o Dalai-Lama
A vida é bela, de Dominique Glocheux
Filtro solar, de Mary Schmich
Posso conseguir o que desejo, de Iyanla Vanzant
Quem acredita sempre alcança, de Peter McWilliams

Auto-ajuda

O método fácil de parar de fumar, de Allen Carr
Por que os homens fazem sexo e as mulheres fazem amor?, de Allan e Barbara Pease
Desvendando os segredos da linguagem corporal, de Allan e Barbara Pease
Por que os homens mentem e as mulheres choram?, de Allan e Barbara Pease
O poder que vem do seu nome, de Aparecida Liberato e Beto Junqueyra
Nunca desista de seus sonhos, de Augusto Cury
Pais brilhantes, professores fascinantes, de Augusto Cury
100 segredos dos bons relacionamentos, de David Niven
Não leve a vida tão a sério, de Hugh Prather
Mantenha o seu cérebro vivo, de Laurence Katz e Manning Rubin
100 segredos das pessoas felizes, de David Niven
Enquanto o amor não vem, de Iyanla Vanzant
A Dieta do Abdômen, de David Zinczenko e Ted Spiker
A Dieta de South Beach, de Arthur Agatston
O poder da paciência, de M. J. Ryan

Referência

1000 lugares para conhecer antes de morrer, de Patricia Schultz
O ócio criativo, de Domenico De Masi

Informações sobre os próximos lançamentos

Para receber informações sobre os lançamentos da Editora Sextante, basta cadastrar-se diretamente no site www.sextante.com.br

Para saber mais sobre nossos títulos e autores, e enviar seus comentários sobre este livro, visite o nosso site www.sextante.com.br ou mande um e-mail para atendimento@esextante.com.br

Editora Sextante
Rua Voluntários da Pátria, 45 / 1.404 – Botafogo
Rio de Janeiro – RJ – 22270-000 – Brasil
Telefone (21) 2286-9944 – Fax (21) 2286-9244
E-mail: atendimento@esextante.com.br